KB142466

천 번을 흔들려야 엄마가 된다

천 번을 흔들려야

엄마가 된다

이현옥 지음

북클로즈

"지치고 흔들려도 엄마가 아니면
안 되는 일들이 있습니다."

"우리 반 애가 중학교 자퇴 절차를 알려줬어. 학교에 결석을 많이 하면 된다더라. 모범생인데 자퇴하고 검정고시 보고 싶다고 했나 봐. 엄마가 안 된다면서 엄청 화냈대."

11시 아이가 학원에 돌아와 늦은 저녁을 먹으며 말을 꺼냅니다.

"중학생이 왜 자퇴를 하려고 하는데."

대뜸 이해되지 않았습니다. 용돈도 주고 해달라는 걸 다해줍니다. 공주나 왕자처럼 떠받드는데요. 다 차려진 밥상에서 공부만 하면 되는 신세 좋은 아이들이 자퇴를 생각한다니 어이가 없었지요.

"힘들어, 힘들다고. 중2 되면서 밀려드는 수행평가에 때때로 보는 시험에 얼마나 힘든지 알기나 해. 엄마는 알지도 못하면서 공부하라는 말밖에 안 하잖아. 학교랑 학원에서 이 시간까지 얼마나 꾹 참고 공부하는데. 공부, 공부, 공부 지겨워 죽겠다고!"

아이 눈에서 곧 눈물이 떨어질 것 같습니다. 힘겨운 스케줄인 걸 이해합니다. 안쓰럽지만 내 아이만 안 시킬 수도 없습니다. 우리 아이만 안 하면 따라갈 수 없으니까요. 도대체 자식을 어떻게 키워야 할지 모르겠습니다.

'학교에서 성적 때문에 힘들고 우울해서 극단적 선택하는 아이 여럿 봤잖아. 귀하디귀한 내 아이가 이렇게 내 눈앞에 살아있는 것만도 감사한데. 욕심부리지 말자.'

백번 천번을 다짐해도 성적표를 받으면 그 마음이 순식간에 사라지곤 했습니다. 아이는 눈물을 멈출 줄 모르는데 나는 공부 잔소리를 멈추지 못하겠기에 우리는 매번 그렇게 흔들립니다.

아이가 사춘기가 되면 자연스럽게 엄마와 부딪힙니다. 아이 스스로 삶을 결정하고픈 욕구가 생기니까요. 그냥 두자니 혼자만 고생하고 낙오될까 두렵고요. 간섭하자니 아이의 반항이 만만치 않습니다. 아이가 커 갈수록 더 많은 부분에서 아이와 의견충돌이 생기는데요. 아이와 부딪힘이 시작되었다면 이때 꼭 챙겨야 할 것이 바로 엄마 멘털입니다. '건강한 신체에 건전한 정신이 깃든다'라는 옛말이 아닙니다. 엄마가 얼마나 스스로 힘을 갖고 있느냐에 따라 아이 키우기 레벨도 달라지니까요. 엄마가 건강할 때는 잔소리도 많이 하지만 집안에 활기가 넘치지요. 하지만 아플 때는 어때요. 모든 게 귀찮습니다. 든든하게 버팀목이 되어 아이를 잡아 줄 힘이 사라져 버리죠. 일단 엄마가 건강해야 아이가 잘 큰다.

인정? 좋습니다. 그러면 여기서부터 이야기를 시작해 보려 합니다.

참 많은 것을 엄마에게 바라는 시대입니다. 이웃이나 친척들이 나눠서 해주던 어른의 역할을 부모가, 그중에서도 특히 엄마가 떠안게 되었지요. 아이를 낳으면 행복할 줄만 알았는데 웬걸요. 엄마라는 자리의 무게가 너무 힘겹습니다. 내 인생의 결정만도 어려운데요. 내게 가장 소중한 존재인 아이의 인생을 판단하고 도와줘야 하니 너무 힘이 들지요. 모든 것을 내려놓고 도망치고 싶을 때도 많습니다. 가끔은 엄마 자리를 비워두고 작은 일탈을 해보기도 하지요. 그렇지만 아이 생각이 머릿속에서 떠나지 않습니다. 그렇게 우리는 어렵지만 가치 있는 하루하루를 보내고 천상 엄마가 되어 갑니다. 때로는 지치고 가끔은 버겁지만 잘 해내고 싶습니다. 건강하게 아이를 키우고, 나 역시 건강한 사람으로 성장하고 싶지요. 그런 하루하루 엄마의 일상을 나누고 싶었습니다.

엄마도 가끔 지칩니다. 엄마도 자주 실수합니다. 엄마도 늘 고민합니다. 더 좋은 엄마가 되기 위해서요. 그런 엄마가 건강했으면 좋겠습니다. 신체적으로 또 정신적으로요. 엄마 체력이 좋은 엄마는 아이에게 건강한 에너지를 줍니다. 아이와 그 에너지를 주고받으며 성장해 가지요. 그 과정에서 아이도 엄마도 행복했으면 좋겠습니다. 성적도 중요하고 대학 입시도 걱정이지만요. 무엇보다 가장 중요한 것은 나와 아이의 건강이라는 것을 늘 잊지 마세요. 건강한 엄마의 사랑을 듬뿍 받고 자란 아이는 역시나 건강하게 자신의 삶을 개척해 나갈 것입니다.

흔들리지 않고 피는 꽃은 없습니다. 흔들리며 피는 꽃이 더 아름답습니다. 그 안에 슬픔과 아픔까지 보듬은 꽃은 찬란하기까지 하니까요. 하루하루 흔들리며 힘겹게 엄마라는 자리를 지켜내는 이 세상의 모든 엄마는 위대합니다.

엄마가 덜 아팠으면 좋겠습니다. 그만 미안했으면 합니다. 충분히 좋은 엄마니까 죄책감을 느끼지 않았으면 해요. 늘 돌아서면 미안하고 못 해준 것만 생각나는 게 엄마입니다. 하지만 아이가 그 마음을 모르는 건 아닙니다. 아이는 엄마가 온 마음으로 준 그 사랑으로 잘 자라고 있으니까요. 너무 걱정하지 말아요.

흔들리거나 지칠 때 한 번씩 꺼내 읽어보세요. 이 글을 읽고 마음이 사랑과 평안으로 가득 차 아이를 힘껏 안아줄 힘이 생겼으면 좋겠습니다. 그것이 제가 이 에피소드를 여러분과 나누고 싶은 유일한 이유입니다.

귀한 자신에게 좋은 자리를 내어주고 좋아하는 것들을 즐겨보세요. 너무 잘하려고 애쓰지 말아요. 당신은 이미 충분히 좋은 엄마입니다. 이 책으로 그동안 애쓴 당신이 한 템포 쉬어갈 수 있었으면 해요. 지치고 흔들려도 엄마가 아니면 안 되는 일들이 있습니다. 엄마인 당신. 너무나 귀한 당신은 그러기에 충분한 존재니까요.

순한 사춘기지만 엄마와 매번 부딪혀 엄마를 키워주는 린이와 폭풍 사춘기를 준비하는 아직은 귀여운 준이에게 함께 해주어 고맙다는 인사와 함께 사랑을 전합니다.

차 례

1장

엄마로 산다는 것

보통 엄마와 보통 아이

"저는 아이를 키우면서 가장 중요하게 생각한 게 기본기입니다. 그래서 하루도 빠짐없이 기본기를 연습시켰습니다. 기본기가 쌓이지 않으면 모래성과 같으니까요. 어려운 과정이지만 아이가 묵묵하게 잘 견뎌내 주었지요. 저는 별로 한 게 없습니다."

자녀 잘 키우는 법을 다루는 유튜브에서 자주 볼 수 있는 장면입니다. 세계적으로 유명한 손흥민 선수의 아버지 인터뷰에요. 세계적인 선수를 어떻게 키워냈는지 사람들은 무척이나 궁금해했습니다. 그래서 부끄러워하고 겸손한 아버지에게 끈질기게 그 비결을 물었지요. 나서는 걸 싫어하시는 분이지만, 비결을 궁금해하는 사람들이 너무 많아 잠깐 인터뷰를 했답니다. 그것이 두고두고 회자됩니다. 정말 대단하고 멋지다는 생각이 들면서도 마음 한켠이 쎄합니다. '나는 과연 아이를 저렇게 잘 키울 수 있을까? 아이를 키우며 나만의 뚝심을 가지고 키워나가고 있나?' 싶은 생각이 들어서요. 늘 이리저리 흔들리는 나는 보통 엄마일 뿐입니다. 세계적인 선수를 길러낸 아버지의 말에 내 모습이 비쳐 순간 마음이 어두워졌습니다. 나는 저런 부모가 될 수 없을 것 같다는 생각이 들었기 때문입니다.

아이가 특출나게 한 분야를 좋아하는 게 아니거든요. 아이는 그냥 평범합니다. 아주 아주 보통이에요. 어릴 때야 특별한 아이라고 생각한 적도 있었습니다. 하지만 아이가 한 살 한 살 나이를 먹으면서 알게 되었습니다. 그냥 보통의 평범한 아이라는 것을요. 내 눈에는 남과 다르게 아주 사랑스러운 아이지만 그건 제 눈에 안경이고요. 특별히 몰두하거나 즐겨서 하는 것도 없어요. 남들처럼 이것저것 손대보긴 했지만 특별한 관심사를 찾지도 못했지요. 배울 때는 열심히 하긴 하지만 그때뿐이에요. 잠시 멈추면 다시 배우고 싶다는 말은 안 합니다.

아이만의 문제는 아니에요. 부모인 저도 마찬가지였죠. 아이에게 특별하게 물려준 재능도 없지만 재능을 키워줄 끈기도 부족했어요. 아이를 데리고 매일 다니는 학원 픽업만으로도 지쳤습니다. 손흥민 아빠처럼 아이가 운동할 때 옆에서 같은 양을 운동하기는커녕 '너는 왜 그것밖에 못 하니'라고 잔소리하기 바빴지요. 한 손에는 휴대폰을 들고요. 그런데 어떻게 손흥민 같은 아이로 키울 수 있겠어요. 절대 불가능하죠. 아이가 숨겨진 재능이 있어도 부모가 뒷받침할 능력이 안 되면 못 따라갈 가능성이 높아요. 저 또한 보통의 인간이자 부모일 뿐이니까요.

그런데요. 생각해 보면 모두 잘난 사람들 이야기만 사람들 사이에서 회자됩니다. 세계적으로 대단한 성과를 이룬 아이들은 늘 주목받죠. 아이가 그렇게 될 때까지 뒷바라지한 부모의 노력과 가치관에도 관심이 쏠리고요. 당연히 아이도 죽을 만큼 노력을 했을 테고, 아무나 월드클래스가 될 수 없다는 것도 잘 압니다. 그리고 부모도 아이의 미래를 위해 최선을 다해 키워냈겠지요. 그 노력이 대단하고 가치 있다는 것 인정합니다. 하지만 꼭 그렇게 큰 성과를 내야지만 아이를 잘 키운 거라고 할 수 있을까요? 세계적으로 혹은 우리나라에서 알아주는 레벨에 올라야지만 아이가 가치 있는 것은 아니잖아요. 뭔가 이루지 않아도 행복하고 자신을 사랑할 줄 아는 아이로 키우는 것 또한 소중하고 의미 있는 일 아닌가요.

　풀꽃을 아껴주고 지나가는 아픈 강아지를 안쓰럽게 바라봐요. 주변 사람들에게 사랑을 나눌 줄 알고, 자기 자신을 사랑하는 아이 또한 세계적인 일등 못지않게 이 세상에서 빛을 발하는 존재잖아요. 아이는 내가 키워내고 자랑할 만한 결과물이 아닙니다.

　부모는 자녀가 좋은 대학에 갔다고 하면 무척 행복해하잖아요. 왜 그럴까요? 정말 아이가 노력해서 자신이 목표한 대학에 가는 것이 너무 기뻐서라면 좋겠지요. 하지만 왜 그토록 많은 아이들이 스카이에 간 후 부모에게 "이제 소원 이루었으니 됐지?" 하며 학교를 그만두고 다른 진로를 찾아 나서거나 우울함의 늪에 빠지는 걸까요? 아이가 진정으로 바라는 결과였다면 그런 선택을 하지는 않았을 거잖아요. 다른 사람들의 눈에 멋진 모습으로 비치길 바라는 부모의 바람 때문에 아이가 애써 준 것 아닐까요. 내가 아이를 키우고 있는 방향이 아이가 정말 원하고 행복한 것인지, 내가 자랑할 만한 성과를 위한 것인지 그 방향성을 다시 살펴야 겠다는 생각이 들었습니다.

"엄마 나 빨리 숙제하고 그림 그리고 싶다."

아이가 새로 산 명화 그리기 키트를 보며 조릅니다. 아이가 하고 싶은 게 생겼는데요. 선뜻 공부는 멈추고 그림 먼저 그리라는 말을 못 해주었 습니다. 지금은 공부하고 주말에 그리는 게 어떻겠느냐고 넌지시 압박을 주었지요. 아이는 지금 하나라도 그려보고 싶다면서 빠르게 숙제를 마쳤습니다. 이미 그로기가 된 상태라 너무 졸린대도 끝끝내 흰색 물감으로 몇 군데 칠합니다. 그 그림을 보며 행복한 미소로 잠자리에 들었지요. 아이가 저렇게 행복해하는데도 나는 당장 아이의 행복을 응원해주지 않았습니다. 아이에게 좋아하는 게 없다고 타박했으면서요. 좋아하는 것을 찾았다는 데도 순간 힘껏 밀어주지 못했습니다. 내가 도대체 무얼 바라고 아이를 키우고 있었나 하는 생각에 아차 싶었습니다.

길가의 민들레를 만났을 때 후~ 하고 불어줄 수 있어서 행복하다면 그걸로 된 거 아닐까요? 아이를 통해 무언가를 이루려는 마음을 내려놓고 아이가 진짜 좋아하고 행복해하는 게 무엇인지 살펴봐야겠어요. 그것이 남들보다 뛰어나지 않은 평범한 것일지라도 말입니다. 저 역시 나이를 먹으며 알게 되었으니까요. 평범한 보통 사람으로 살아간다는 것이 얼마나 어려운지를요. 아이가 보통의 하루를 보통 사람으로 살아간다고 해도 아이가 행복하고 즐겁다면 그것으로 만족할 줄 아는 그런 부모가 되고 싶습니다. 세계적인 선수가 못되더라도 괜찮습니다. 비록 좋은 대학에 못 가더라도 아이의 노력을 응원해주고 싶습니다. 보통의 부모로서 아이를 따뜻하게 보듬어 줄 수 있다면 그게 진짜 좋은 부모 아닐까요.

아이가 보통의 하루를 보통 사람으로 살아간다고 해도

아이가 행복하고 즐겁다면 그것으로 만족할 줄 아는

그런 부모가 되고 싶습니다

토닥토닥

아이가 초등학교에 입학했어요. 초등학교 1학년은 왜 이렇게 일찍 끝나죠? 아이 보내고 돌아서서 한숨 좀 쉬려면 돌아옵니다. 첫애가 1학년에 입학하면 우리도 엄마 대인관계를 시작하느라 바쁜데 말입니다. 처음 보내는 학교라 긴장돼 죽겠거든요. 같은 마음의 친구를 만들어야죠. 교실 위치부터 시작해서 학교에 대해서는 아는 게 하나도 없으니까요. 같은 반 엄마들 사귀어서 정보도 얻고 마음도 진정해야 합니다. 청소기 돌리고 빨래도 하고 빨리 나가서 수다 좀 떨어야 하는데 말이죠. 녀석들이 너무 빨리 오는 거예요.

일단 몸으로 노는 것을 좋아하는 1학년이니까 아이와 함께 놀이터로 나갑니다. 엄마들과도 침묵의 어색함이 맴돕니다. 처음에는 눈치만 보다가 놀이터에서 노는 날이 하루 이틀 늘어나니 자연스레 엄마들도 친해집니다. 언니라고 부르며 자주 연락해요. 1학년은 일단 학교 상황 전달이 잘 안되기 때문에 똑똑한 여자아이 엄마랑 친해지면 좋습니다.

하지만 그렇게 즐거웠던 시간도 길진 않아요. 2학기가 시작되면 아이들이 학원에 가기 시작하거든요. 그때부터 아이들 학원 픽업 생활이 시작됩니다. 피아노, 미술, 태권도는 저학년 때 끝내야 할 학원 목록입니다. 뭔 놈의 학원을 데려다주고 돌아오면 또 데리러 가야 합니다. 1학기 때 놀이터 죽순이도 힘들었는데 이것 또한 만만치 않습니다. 학원 두어 군데 픽업 다녀오면 파김치가 됩니다. 내가 집에 있으니 성대한 저녁을 기대하는 남편이 퇴근하면 다크써클로 맞이하며 얘기해요. "오늘 힘들다. 저녁 시켜 먹자." 그렇게 아이 학원 생활이 시작됩니다.

고학년이 되면 학원 픽업은 가지 않지만 픽업 대신 다른 고민이 생겨요. 예체능만 하던 저학년 때와는 차원이 다릅니다. '4학년이면 수학을 시작해야 한다는데. 어느 학원이 좋은 거야?' 1학년 때부터 친했던 딸 친구 엄마한테 전화를 돌립니다. 수소문해 동네에서 핫한 학원을 검색합니다. 왜 내 맘에 쏙 드는 학원은 이리도 없는 걸까요. 좋은 학군으로 이사가는 것이 정답이지 싶지만, 아쉬운 대로 동네에서 선택해서 보냅니다. 그러나 끝이 아닙니다. 수학만 있나요? 영어는 또 어떻게요. 슬슬 논술도 시작해야 하고요. 과학도 어렵다던데 과학 실험 학원도 하나 끼워 넣습니다. 아이 체력을 생각하면 운동도 하나는 해야 하지요. 아이 스케줄이 빡빡해지는 만큼 집안 경제도 허리띠를 졸라맵니다. 뒤처지지 않고 따라가려면 남들 시키는 만큼 해야 하니까요.

학원에 다닌다고 끝이 아닙니다. 학원 숙제시키는 것도 엄마 몫이에요. 학원에서 실력이 잘 쌓이는지도 체크해야 합니다. 시시때때로 학원에 상담 전화해서 잘하고 있는지 물어봐야 되고요. 한 학원을 오래 다니는 것도 아니라니 어렵네요. 영어도 어학원 다니다가 5학년부터는 문법을 시작해야 합니다. 수학도 선행을 땡겨야 한다는데요. 이때부터 앞이 한 치도 안 보이는 안개 속을 계속 걷고 있는 느낌이 시작됩니다. 카더라 통신은 너무 많습니다. 옆집 아이는 잘하는 것 같은데 우리 집 애는 그렇지 않아요. 해야 할 것은 또 왜 그리 많은지요. 어린 것이 안쓰러워 죽겠는데, 아무리 생각해도 뺄 게 하나도 없습니다.

아이가 5학년이 되면 엄마도 5학년이 됩니다. 6학년이 되면 다시 6학년 엄마를 준비해야 해요. 아이만 진급하는 것이 아닙니다. 아이 진급에 따라서 내 정보도 업그레이드해야 하더라고요. 차라리 동네 엄마만 만났을 때는 나았어요. 유튜브에서는 온갖 학습법이 넘쳐납니다. 무조건 책을 읽으라 하는 사람, 책이 다가 아니라는 사람, 이런 학원에 다녀라, 학원이 다가 아니라는 사람 등등. 왜 이리 의견이 다른 건가요. 진짜 고민할 게 한둘이 아닙니다. 온갖 책과 교육 전문가들이 하는 이야기를 선별해 들으려니 너무 힘든 거 있죠. 공부를 많이 시키면서도 엄마는 늘 다정해야 한다네요. 본인들 자식 키울 때는 그랬는지 정말 궁금해집니다. 틀린 얘기는 아니라 꾹 참고 접수합니다.

차라리 '이때는 이거 해라', '저 때는 저거 해라' 할 수 있는 정답이 있었으면 좋겠어요. 그럼 속 편할 텐데요. 인생에 어디 정답이 있냐고요. 자기 인생을 스스로 결정하면 그 결과가 나쁘더라도 괜찮아요. 그런데 남의 인생이잖아요. 그것도 내가 제일 사랑하는 아이 인생이잖아요. 함부로 결정할 수가 없습니다. 유튜브 골라 듣고 자녀교육서 뒤적이며 고민만 깊어집니다.

이제 중학교 입학을 앞둔 아이를 위해서 참 열심히 살았는데도, 일한다는 이유로 너무 학원을 돌렸나 하고 후회가 됩니다. 직접 수학 가르치다 싸워서 안 되겠다 싶어 학원을 보냈거든요. 그런데 그게 오히려 아이 자기주도학습을 방해한 거라네요. '중·고등학교에서는 자기 주도 학습으로 해야 한다', '학원빨은 끝이다', '초등학교부터 차근차근 연습해야 한다'라는데 내가 아이 인생 망쳐버린 것 같아 마음이 또 바쁩니다. 시간이 갈수록 또 얼마나 흔들릴까요. 모든 게 불확실하잖아요. 대학이 다가 아닌 걸 알면서도 대학을 위한 공부밖에 시킬 수 없는 엄마는 얼마나 많은 밤을 또 흔들려야 할까요?

엄마인 나를 생각해보면 이제껏 참 애썼네요. 아이 인생 잘못될까 봐 늘 고민했고요. 치열하게 생각하고 또 생각해서 결정했어요. 지금 생각해 보니 그건 아니었다 싶은 부분도 있지만요. 지금까지 해준 게 최선이 아니었다 해도 괜찮습니다. 때론 툴툴거려도 아이도 충분히 느끼고 있을 거예요. 그때는 그때의 엄마가 할 수 있는 한 최선을 다해 선택했었다는 엄마의 진심을 말이죠. 아! 올봄엔 나를 위한 자그마한 선물이라도 하나 사야겠습니다. 지금껏 충분히 애쓴 나를 위해, 앞으로도 더 많이 흔들릴 나를 위해. 토닥토닥.

나만 그래?

결혼하자마자 첫애를 유산했어요. 결혼하면 당연히 엄마가 되는 줄 알았던 나는 적잖이 놀라고 당황했습니다. 생명의 소중함을 알게 되면서 더욱 아이가 간절해졌어요. 간절히 아이를 기다렸답니다. 일 년 후 딸아이가 나에게 왔을 때 너무 감사했어요. 아이가 건강하기만 해도 좋다고 생각했죠.

그런데 말이에요. 아이가 한 살 두 살 먹으니 조금씩 생각이 달라졌습니다. 다른 아이들보다 말도 좀 빨리했으면 싶고 키도 컸으면 했습니다. 그런데 그건 욕심도 아니었어요. 학교에 가니 그 욕심이 점점 더 커졌습니다. 내가 보기엔 우리 애만큼 참한 모범생이 없는 것 같았지만, 아이가 학교에서 상장 하나 못 받아 오는 거예요. 학기 말이나 방학할 때마다 가방 속을 뒤져봐도 상장 하나 없을 때 아이한테 티는 못 냈지만 울컥했답니다. '선생들은 도대체 어떤 기준으로 상을 주는 거야?' 내가 교사지만 이해가 안 됐습니다. 상담을 가도 선생님에게는 그 애가 그 애인 지라 지적받고 오지 않으면 다행이었습니다. 학원 레벨테스트를 가도 특출하다는 이야기 한번 못 들으니 심통이 나더라고요. '나는 똑똑했는데 남편이 문제야.' 괜한 머리 탓도 하게 되었지요.

뭐 이건 욕심도 아니었어요. 고학년이 되니 시험을 봐요. 아이 입에서 "0점"이라는 말이 나왔을 때 기가 막히더라고요. 겉으로는 우아하게 "너는 정말 특별한 경험을 한 거야. 0점 맞을 일이 인생에 별로 없어. 아주 특별하지. 0점은 이제 올라갈 일만 있는 점수니 괜찮아. 시험 점수가 뭐 그리 중요하니. 배운 내용을 아는지 모르는지가 중요하지."

온갖 성인군자다운 가식을 떨고 있었지만 속으로 생각했어요. '어떻게 내 새끼가 0점을 받아오지?' 초등학교 때 20점 받았다던 수포자 남편을 째려볼 수밖에 없었습니다.

이제 그 아이가 중학교에 들어가려고 합니다. 이것 참 걱정이에요. 어딜 가나 평범한 내 아이. 중학교 공부는 잘 따라갈지 모르겠네요. 아니 솔직히 잘 따라가는 걸 넘어서 최상위급에 들어가야 할 텐데요. 진짜 들어갈 수는 있을지 자신이 없어요. 중학교 들어가서 성적표 가져온 걸 보며 또 얼마나 가식을 떨어야 할지 지금부터 걱정이 앞섭니다.

내 아이는 특별했으면 좋겠어요. 내 아이는 그럴 자격이 충분하고, 너무너무 소중한 내 새끼니까요. 그런데 아이가 전혀 특별하지 않았어요. '그 나이 고만고만한 또래의 아이들 중에 특출한 아이는 별로 없지'라고 알면서도, 순간순간 올라오는 욕심을 참기가 힘듭니다. 그렇지만 어쩔 수 없이 내 아이가 평범하다는 그 사실을 받아들여야겠죠. 어릴 때 서울 우유 먹이다 커가면서 저지방 우유 먹이고 더 크면 아무 우유나 먹인다는 말. 남 말이 아니더라고요.

아이가 중학교 입학을 앞두고 있어 더 떨립니다. 중학교 공부는 진짜 초등이랑은 격이 다르니까요. 아이들이 그걸 받아들일 만큼 크기도 했잖아요. 잘 흡수하겠죠. 하지만 특출하게 받아들이진 않을지 몰라요. 옆집 엄친아랑 다르게 반항도 할 거고요. 스마트폰 때문에 야단이 나겠죠. 방문을 꽝 닫고 들어가서 화날 때도 많을 거예요. 나보다 더 커지고, 까칠한 녀석 눈치 보느라 오는 갱년기를 못 느낄지도 모릅니다. 하지만 그래도 또 감사해야겠죠. 평범하게 다 겪는 것이지만 결코 쉬운 일은 아니니까요. 우리 마음속에 감춰진 '특별한 내 새끼'에 대한 욕심은 그렇게 한풀 꺾일 것이란 걸 받아들여야 할 거예요. 그러면서 다시 혼자 되뇌겠죠. '됐다, 됐어, 그거면 됐다.' 공부 잘하면, 좋은 친구 사귀면, 좋은 대학 가면 좋겠지만 아이가 그러지 않아도 행복하면 괜찮다고 할 겁니다. 자식 욕심은 참 내려놓기 힘듭니다. 욕심을 버릴 수 있는 날은 눈 감는 날이 되지 않을까 싶습니다.

부모의 존재

"오늘 발표 수업을 하는데 너무 떨리더라. 부들부들 떨려서 랩 하는 것처럼 빨리 발표했다니까."

아들이 책상에 앉아 명화 키트에 물감을 칠하고 있습니다. 맞은편에 앉아서 아들의 명화 그리기를 바라보던 아빠가 대답합니다.

"그래? 애들은 무슨 발표해?"

아빠는 오물쪼물 움직이는 아들의 손과 입이 못내 귀여운 듯 미소 지으며 묻습니다.

"여자애들은 아이돌에 대해서 발표하지. 좋아하는 게 아이돌이니까. 그런데 말해도 뭐가 뭔지 잘 모르겠어. 남자애들은 좋아하는 거 발표하라니까 축구 선수 얘기 많이 하더라."

"그러게. 너는 아이돌에게 별 관심 없잖아. 축구 선수 누구 얘기해?"

한참 동안 둘이서 축구 선수 얘기를 나눕니다. 어떤 선수가 어떤 리그에서 뛰고 있으며 성적이 좋고 나쁘고 등등 옆에서 듣고 있는 나는 지루한 생각이 들 정도입니다. 아빠와 견줄 만큼 축구 선수에 대해 속속들이 알고 있네요.

"호날두가 한때 정말 잘 나갔었잖아. 그런데 호날두가 우리나라에 왔었거든. 사람들이 호날두 경기를 보려고 아주 비싼 표를 사서 경기장에 갔어. 그런데 그날 호날두가 약속을 깨고 경기에 안 나온 거야. 그 경기에서 꼭 뛰겠다고 계약서도 썼는데 자기 마음대로 약속을 깨트린 거지. 그래서 사람들이 환불해 달라고 야단이 났었잖아. 그렇게 잘난 체를 하더니 요즘엔 완전히 실력이 바닥을 찍더라. 그러기에 사람이 그러면 안 돼. 약속을 잘 지켜야지. 너는 친구 중에 그런 애 있으면 절대 가까이 지내면 안 돼."

아빠의 이야기가 끝나자, 아이의 볼멘소리가 이어졌습니다.

"결론은 늘 똑같아. 무슨 이야기를 하더라도 너는 그런 친구를 사귀면 안 된다. 사람을 쉽게 믿어서는 안 된다고만 하더라. 너무 많이 얘기해서 처음 말만 해도 무슨 말을 할지 알 거 같아. 왜 맨날 모든 이야기의 끝은 그런 거야?"

남편은 인생에서 귀한 이야기를 해 줬는데 불만인 아들을 보고 약간 당황한 듯 보였습니다. 남편 입장에서는 그것보다 중요한 이야기는 없었을 테니까요. 몇만 번을 반복해도 질리지 않았을 테지요. 하지만 아들 입장은 달랐습니다.

"그러면서 꼭 너도 친구들에게 늘 배려만 하지 마라. 네 의견을 내라

하잖아. 나도 양보만 하는 건 아닌데 왜 그래."

둘 다 기분이 약간 상한 듯 보였습니다. 이쯤에서 흐뭇하게 듣고 있다가 당황한 내가 살짝 끼어들어야겠지요.

"아빠가 걱정이 많아서 그래. 아빠는 사람을 오랫동안 살펴보고 조심해서 사귀잖아. 너도 그랬으면 싶어서 그러지. 그런데 아빠야. 우리 아들도 그 정도 판단력은 있어. 아들을 믿어줘라. 우리 아들도 늘 양보하고 배려만 하는 건 아니에요."

그 정도의 말로는 기분이 좋아지지 않았던 걸까요. 그때부터는 대화 없이 물감만 열심히 칠하더군요.

"나는 어려서 누구도 인생을 어떻게 살아야 하는지 말해주지 않았어. 덮어놓고 공부만 하라고 했지. 그때 나에게 부모님이 왜 공부해야 하는지, 어떻게 인생을 살아야 하는지 말해줬었더라면 어땠을까? 내 인생도 조금 더 나아지지 않았을까 싶어. 그러지 않은 부모님이 원망스러워. 밥 먹일 줄만 알았지, 영혼을 채워줄 생각조차 없었거든. 나는 그래서 아이들에게 인생의 길을 보여주는 아빠가 되고 싶어."

평소 남편이 한탄스럽게 내놓던 말들이 떠오릅니다. 어릴 때 부모님이 어떻게 인생을 살아야 하는지 습관처럼 말해주시고 그리 사는 모습을 보여주시던 우리 집과는 전혀 다른 곳에서 자란 남편. 남편은 자신의 그 빈 마음을 채우기 위해 아이에게 말하고 또 말했을 텐데요. 아이는 이미 너무 많이 들어서 못이 귀에 박힐 정도였다니 남편의 한이 깊고도 깊었나 봅니다.

행복한 가정에서 자란 사람은 결혼해서 따뜻한 가정을 이루는 것을 꿈꾸지 않는대요. 그 사람에게 그것은 공원의 나무처럼 너무나 당연하게 주어지는 것이니까요. 굳이 꿈꿀 필요가 없지요. 하지만 경험하지 못한 사람에게는 늘 마음의 빈자리를 채우기 위해 갈망하고 원하는 것이 될 텐데요. 남편에게도 그 빈자리는 꽤 큰 모양입니다. 남편의 노력 덕분에 이미 충만한 가정을 경험해 본 아이는 너무나 당연하게 가족의 사랑과 평화를 느끼고 자랐습니다. 그래서 아빠의 바람은 넘치는 소원이 되었을 테지요. 그렇게 둘은 맞지 않는 각자의 물컵으로 붓고 버리고 붓고 버리고를 반복하고 있었지요.

아침마다 20분 정도 일찍 출발해서 근처 공원을 산책하고 출근합니다. 햇살과 초록 잎, 새소리가 정말 상쾌합니다. 특히 흙길을 밟으며 걷다 보면 내 몸과 마음이 치유되는 느낌이 드는데요. 가끔 그 아름다운 풍경을 눈에만 담아두는 게 너무 아쉽다는 생각이 듭니다. 이 행복감을 간직하고 싶다는 생각에 휴대폰을 꺼내 사진을 찍어 보는데요. 늘 내가 보는 풍경을 사진은 다 담지 못합니다. 그래서 기대 가득 셔터를 눌렀다가 결국 실망합니다. 하지만 우리는 어디를 가든 좋은 풍경만 보면 사진에 담아서 간직하고 싶어 합니다. 눈으로 보고 가슴에 오래오래 그 기억을 담아두는 게 더 좋을 텐데도요. 어쩔 땐 풍경을 즐기러 왔는지 사진 찍으러 왔는지 모를 정도입니다. 결국 그렇게 담아낸 사진 퀄리티가 늘 실망스러우면서도 그 행동을 멈추지 못하는데요. 아이도 그렇겠지요. 아이가 담아낼 수 있는 세상은 우리 부모가 상상하는 그 이상일 거예요. 내가 살았던 시대와 지금은 너무 많이 달라졌으니까요. 아무리 '라떼는 말이야……'를 알려주며 인생을 살아가는 방식을 가르쳐 주려고 해도 그때와 지금은 다릅니다. 지금 세상과 정서는 아이가 더 잘 알고 있고요. 그 풍광에 맞게 아이 그릇에 조금씩 담고 있을 텐데요. 부모는 늘 더 좋은 것을 담으라고 야단입니다. 부모 기준에서 좋은 것이 아이에게도 좋을 거라는 법도 없는데도요.

이제부터는 아이가 즐길 풍경은 스스로 선택하게 해야겠습니다. 부모인 우리는 아이가 담은 풍경을 함께 감상해주고, 멋지다고, 잘 해내고 있다고 응원해주면 됩니다. 이미 어떤 면에서 아이는 우리를 넘어선 존재니까요. 아이의 선택을 지지하는 것만으로도 충분합니다. 그냥 나는 흙길을 걸으며 건강과 안녕을 지켜내야겠습니다. 그것만으로도 아이에게는 큰 힘이 될 테니까요.

뒤돌아보는 건 나 혼자뿐

아이가 덜컥 6학년이 되었습니다. 진짜 가지 않을 것 같은 시간이었지만, 어느새 초등학교 고학년이 되었네요. 아이는 언젠가부터 여드름이 나기 시작했습니다. 목욕하거나 샤워할 때 문을 닫고 합니다. 옷 갈아입을 때도 자기 방에 들어가 아무도 못 들어오게 하더군요. 따라다니며 재잘대던 녀석인데 말수가 줄었습니다. '내가 알아서 할게'라는 말이 늘었습니다. 엄마가 하란 대로 숨도 쉬던 녀석인데요. 꼬박꼬박 말대답을 합니다. 나도 대꾸할 말이 없어 서로 가만히 있는 시간이 늘었습니다. 녀석이 친구 전화번호를 받아오기 시작하더니 핸드폰 비밀번호를 걸더라고요. 친구 생일이라며 다이소에서 선물을 사고 편지를 씁니다. 누가 볼 새라 슬쩍 편지를 가립니다. 좋아하는 친구가 있느냐 물었지만 '그냥……'이라고 짧은 답만 하네요. 하교 후에 친구랑 놀고 오겠다며 전화 한 통하고 매일 늦게 집에 들어옵니다. 집에 돌아와서는 슬그머니 자기 방으로 들어가 문을 닫기 시작했어요. 사춘기의 시작인가 싶었지만 나쁘지 않았습니다. 저도 혼자만의 시간을 좋아하거든요. 또 내게는 아직 포동포동 귀여운 둘째가 있으니까요.

어려서부터 유독 "엄마, 엄마" 하며 저를 따랐던 아들입니다. 돌 전에도 자다가 엄마가 옆에 없으면 깨서 거실로 나를 찾아오던 조금 부담스럽지만 사랑스러운 아들입니다. 자기는 절대 자기 방을 안 가질 거라며 평생 엄마 아빠랑 잘 거라고 호언장담하던 아이지요. 친구 만나러 가는 아빠 뒤통수에 대고 "친구보다 가족이 소중한데"라고 말하는 건 녹음까지 해두었어요. 커서 친구만 찾을 때 놀려야지 하면서요. 종이접기를 좋아해서 졸졸 따라다니며 엄마에게 종이접기를 가르쳐 주곤 했습니다. 밤마다 자기 전에 가족끼리 모여서 보드게임 하는 게 소원인 아들이었고요. 잠자리에 누워서 오늘 있었던 일들을 돌아가며 이야기하자고 어찌나 조르던지 매일 있지도 않은 에피소드를 지어내야 했습니다. 조금만 천천히 커 줬으면 하고 매일 바라게 하던 아이였지요.

"기분 나쁘게. 아빠가 뭔데 나를 규정해?"

아들이 버럭 화를 냅니다. 머리카락이 길어 아빠랑 같이 미용실에 가자고 했다네요. 그랬더니 아이가 그럽니다. 지저분하든 어쨌든 내 일은 내가 알아서 하겠다고요. 왔습니다, 왔어요. 당연히 와야 할 테지만 오지 않았으면 싶은 사춘기가 둘째에게도 오려나 봐요. 내가 안방에 있으면 "엄마 쉬어." 하면서 거실로 나갑니다. 거실에서 일하고 있으면 넷플릭스를 보려 하다 망설입니다. "뭐 보는지 다 들릴 텐데"라고 말하고는 슬그머니 노트북을 들고 작은 방으로 피하더군요. 누나의 방에 있는 시간이 늘었는데 둘이 뭐 하나 보면, 서로 휴대폰만 들여다보고 있습니다. 성격이 어찌나 깔끔한지 게임을 하느라 휴대폰이 뜨끈뜨끈하지만, 뭐했나 열어보면 사용했던 창이 하나도 없습니다. 무슨 게임 하는지 알려주라고 해도 '다 지웠다.', '시시하다.' 하며 속 시원히 말 한마디 안 해요. 나만 인정하지 않았을 뿐 녀석에게도 사춘기가 왔었네요.

주말에 안방에 가만히 누워있어도 나를 건드리는 사람 하나 없습니다. 아이들은 자기 공간에서 각자 일하느라 바쁘고요. 남편이랑은 뭐 각자 갈 길 간 지 오래되었지요. 뒹굴다 뒹굴다 이건 아니다 싶어 "운동이라도 하러 가자." 떠드는 사람은 나 혼자뿐입니다. "나 오늘은 쉬고 싶은데." 아이가 자기 방문을 닫으며 대답합니다. 아이는 아무도, 아무것도 아쉽지 않습니다. 마음이 어째 요상하네요.

아이가 크기만 기다렸습니다. 물 한 잔 스스로 따라 먹지 못하는 아이가 크기만을 오매불망 기다렸습니다. 한 해만 기다리면 된다. 저 녀석들이 자기 스스로 밥만 먹으면, 옷만 입으면, 학원만 갈 수 있으면 하고 손꼽아 한해 한해를 기다렸습니다. 그런데 왜 이런 마음이 드는 걸까요? 왜 넷이서 작은 방에 모여 좁다고 아우성치던 그때가 생각나는 걸까요? 시간이 조금만 멈췄으면 싶은 마음으로 뒤돌아보는 건 나 혼자뿐입니다. 모두 자기 삶을 향해 달려갑니다. 나만 덩그러니 남았어요. 나만 아이들 뒤통수에 대고 소리칩니다.

"엄마 여기 있어."

아이들은 뒤도 안 돌아보고 한걸음에 달아납니다. 한동안은 여기 이 대로 이렇게 서 있을 거 같아요. 혹시 아이가 뒤돌아보며 다시 돌아와서 손을 잡아 달라고 할 수 있으니까요. 하지만 아이는 이제 엄마 도움 필요 없다고 슬그머니 손을 뺍니다. 내 빈손이 짠해서 한동안 만지작거릴 것만 같습니다. 지금이라도 시간이 멈췄으면 좋겠습니다.

뒤돌아보는 건 나 혼자뿐입니다
모두 자기 삶을 향해 달려갑니다
나만 덩그러니 남았어요
나만 아이들 뒤통수에 대고 소리치고 있습니다
"엄마 여기 있어"

엄마의 아이스크림

"여섯 시다. 일어나야지."

아이는 미동도 없습니다. 아침잠이 많은 녀석입니다. 그 달콤함 아침잠에서 깨고 싶은 마음이 전혀 없습니다. 내가 부르든 말든 행복한 꿈나라를 계속 여행할 생각인 듯한데요. 중학교 입학 후 자꾸 자는 시간이 늦어졌습니다. 웹툰을 보다가, 책을 읽다가, 씻다가, 먹다가 늦게 자는 이유도 다양했지요. 그런데 어제와 그제 시험공부하는 척하며 전자책을 읽느라 새벽까지 깨어있었던 모양입니다. 엄마에겐 시험공부한다고 말했으니 마음껏 늦게 잦겠지요. 어제 학교에 갔는데 정신이 맹하더랍니다. 시험이고 뭐고 아이가 정신이 멍할 정도로 피곤하면 안 되는 거잖아요. 얼른 아이에게 자라고 했습니다. 아이는 시험공부를 하나도 못 했다며 싫다고 하네요. 내일 아침에 일어나서 맑은 정신에 하자고 분명히 내가 깨워주겠다고 했습니다. 아이를 겨우 설득해 12시에 재웠습니다. 12

시에 갔으니 6시는 너무 빠른 시간이지요. 적어도 일곱 시간은 자야 하니까요. 아이를 깨우는 척하면서 슬쩍 불러봅니다. 아이는 아무 대답이 없습니다.

"나는 분명히 깨웠다."

조그맣게 말하고 아이 옆에 함께 누웠습니다. 6시는 저에게도 금쪽같은 시간입니다. 이때 자는 10분이 무척이나 달고 맛있습니다. 아이의 단잠을 깨울 수는 없지요. 저도 딱 30분만 더 눈을 붙였다 일어나려 합니다. 아침잠이 고소하고 달콤한 우리는 서로 꼭 껴안은 채 다시 행복한 꿈나라로 빠져들었습니다. 아이의 깡마른 몸이 따뜻했습니다. 이렇게 마른 몸으로 어떻게 새벽까지 잠을 안 자고 버티는 건지 알다가도 모를 일입니다. 뼈밖에 없는 아이의 갈비뼈를 통통한 내 팔로 꼭 안아주었습니다.

아이는 잠 패턴이 저를 닮아 아침엔 정신을 못 차립니다. 출근할 때 힘든 점이 아침에 일찍 일어나야 한다는 것 오직 한가지 뿐입니다. 그것만 빼면 모두 괜찮습니다. 그럴 정도로 아침잠이 많은 아이는 한동안 깰 생각이 없습니다. 나 역시 마찬가지입니다. 나도 이 아이를 깨워야 한다는 생각에 제대로 깊은 잠을 못 잤거든요. 혹시라도 깨운다는 약속을 지키지 못할까 봐 선잠을 잤습니다. 자다 보면 2시, 자다 깨어보면 4시였어요. 그렇게 몇 번을 자다 깼는지 모릅니다. 이 아이를 깨우려면 깊은 잠을 자지 못하지요. 잠을 설쳐선지 아이와 안고 있는 30분 동안 깊은 잠을 잤습니다. 아니 깊은 꿈을 꾸었습니다. 꿈인지 내 상상인지 모를 시간이었다면 맞을까요.

엄마 목소리가 들립니다. 엄마가 저를 깨웁니다. 아침에 나를 깨우는 엄마 목소리가 너무 싫습니다. 더 자고 싶은데요. 일어나서 준비하라고 합니다. 학교에 늦겠다고 야단이네요. 그때부터 잔뜩 심통이 납니다. 아침에 깨자마자 엄마는 잔소리를 늘어놓습니다. 그 잔소리가 너무 듣기 싫어 화가 납니다. 엄마는 아침부터 무슨 말이 그렇게 많은 걸까요. 제발 조용히 좀 하라고 소리를 꽥 지릅니다. 아침에 나한테 말 시키지 말라고요. 나는 아침에 말하는 게 너무너무 싫다고 날카롭게 이야기합니다. 엄마는 머쓱해하네요. 누구를 닮아서 저렇게 까칠한지 모르겠다며 계속 중얼거립니다. 나는 엄마의 궁시렁거리는 소리가 너무 싫습니다.

"아침에는 말 좀 하지 말라고."

소리를 꽥 지르고 엄마를 노려봅니다. 엄마는 '못된 년'이라고 작은 소리로 웅얼거린 후 말을 안 합니다. 이제야 평온한 아침이 시작되려나 봅니다. 엄마에게 실컷 짜증을 내서인지 잠이 확 달아났습니다. 시계를 보니 7시도 되지 않았습니다. 이 시간에 저를 깨우고 아침밥을 준비한 걸 보면 엄마는 도대체 몇 시에 깬 걸까 하고 생각하니, 엄마에게 살짝 미안해집니다. 생각해보면 엄마의 잔소리는 아침에 빈속으로 학교에 가면 안 좋더라 같은 건강 이야기들이었습니다. 때로는 일상에서 엄마가 생각하는 것들을 말하기도 했습니다. 지금 생각해보면 엄마는 딸과 다정한 아침 인사를 하고 싶었는지도 모릅니다. 하지만 당장 잠이 고픈 딸

내미는 엄마의 사랑스러운 대화가 잔소리처럼 느껴질 뿐이었습니다. 다시 엄마를 바라보니 엄마는 또 아무렇지도 않습니다. 그때 나는 생각했습니다.

'저 나이가 되면 잠이 줄어드나 보네. 엄마는 아침부터 컨디션이 좋은가 봐.'

내가 엄마가 되어보니 이제 알겠습니다. 저를 깨워 아침밥을 먹여 보내기 위해 엄마는 또 얼마나 일찍 깼을지 말이에요. 농번기가 되고 학교에 안 가는 날이면 저와 함께 늦잠을 자는 엄마였습니다. 생각해보면 나와 비슷한 엄마였을 텐데, 엄마는 씩씩하게 아침잠을 이겨내고 깨어난 겁니다. 난 그저 엄마를 아침잠 없는 씩씩한 아줌마로만 보고 있었던 거예요.

내가 첫 아이를 낳았을 때 엄마가 허리 수술을 하러 잠시 우리 집에 왔었습니다. 돌도 안된 아이를 돌보느라 나는 잠도 제대로 못 잤지요. 그런데 엄마도 허리가 아프니 육아를 도와주지 못했습니다. 가만히 누워서 아이랑 놀아줬지요. 신기하게도 외할머니가 누워서 말로만 놀아주는데도 아이는 방긋방긋 잘 웃었습니다. 그러나 저는 처음 해 보는 육아에 엄마까지 돌보자니 온갖 심통을 부렸습니다. 엄마에게 음식을 해주면 맛있다고 한 번도 안 하고 짜네, 싱겁네 하고 투정부렸습니다. 남편잘 챙기라는 잔소리를 할 때면 내가 얼마나 힘든지 알지도 못하면서 그러는 것 같아 못내 서운했습니다. 엄마는 어릴 때 내게 다정하게 해준 적도 없으면서요. 이제 와서 나에게 다정함을 요구하는 것 같아 어이가 없기도 했지요. 어릴 때처럼 여전히 잠에 취해있는 나를 깨우며 배고프다고 먹을 것을 달라고 했습니다. 밤새 아이에게 젖을 물리느라 잠을 깊이도 못 잔 나는 엄마의 그 소리가 너무 미웠습니다. 어서 빨리 자기 집으로 가버렸으면 좋겠다고 생각했습니다. 주일이 되어 엄마가 성당에 다녀오겠다는데 길도 알려주지 않았습니다. 대충 길을 알려주고 허리도 아픈 엄마를 혼자서 내보냈지요. 그때는 너무 피곤해서 누구도 돌보고 싶지 않았습니다. 엄마가 버겁게만 느껴졌지요. 성당에 간 엄마는 한참 동안 소식이 없었습니다. 혹시나 길을 잃은 건 아닌지 걱정되었지만, 아이가 있어 나가볼 수도 없었습니다. 미사가 끝날 시간이 지나고 한참 후에 엄마가 돌아왔습니다.

"왜 이렇게 늦었어. 길 잃어버린 줄 알고 걱정했잖아."

심통을 부리는 내게 엄마는 검정 봉투를 내밀었습니다.

"이거 먹어. 너 어릴 때 그걸 그렇게 먹고 싶어 했는데 한번을 못 사줬다."

봉투 안에는 아이스크림이 들어있었습니다.

"너 애기 이쁘지. 나도 그랬어. 너 놔두고 밖에서 일할 때면 늘 집에 보물을 두고 온 것 같았거든. 집으로 돌아오는 길이 너무 행복했어. 너희들이 있어서 참 좋았어. 나한테도 너는 그런 존재였는데 사랑한다는 말도 못했지. 맛있고 좋은 것도 하나 못 사줘서 내가 참 많이 미안해."

이제 나는 밥상에 맛있는 반찬이 오르면 좋아하는 것임에도 슬며시 젓가락을 내려놓습니다. 아이들 하나라도 더 먹이고 싶어서요. 하지만 그때는 엄마가 나를 위해 젓가락을 내려놓는다는 걸 몰랐습니다. 지금의 내 아이도 마찬가지겠지요. 그저 맛있는 게 왜 이리 없느냐고 투정만 부릴 뿐입니다. 너 주려고 먹지 않고 참고 있다는 걸 알지도 못하면서요.

아이는 아직도 일어나지 않습니다. 이제 그만 일어나서 정신 차리고 시험공부를 하라고 으름장을 놓습니다, 아이는 그제서야 부시시 일어납니다. 얼른 정신 차리고, 스트레칭도 하고, 아침도 먹으라고 잔소리를 늘어놓습니다. 아이는 아직 잠도 깨지 않았는데 왜 이렇게 시키는 게 많냐며 불퉁거리네요. 그때의 나처럼요.

봄날의 연두를 사랑한다면

봄이 오면 꼭 하는 일이 있습니다. 따뜻한 기온이 돌면 화분을 삽니다. 겨우내 숨어있던 새순이 솟아나는 봄의 연두를 너무 사랑하거든요. 그 연두를 곁에 가까이 두고 보고 싶은 욕심이 마구마구 생겨요. 그래서 이제 막 올라오는 새순이 가득한 초록의 화분들을 집에 들여놓아요. 너무나 행복합니다. 마치 봄이 우리 집으로 놀러 온 것 같달까요. 식물을 너무 좋아하지만 아이들을 키우면서 많이 키우질 못했어요. 함께 키우는 게 쉬운 일은 아니니까요. 아이들이 조금씩 커나가면서 봄에 사들이는 식물 수도 늘어갑니다. 사춘기라 뚱하고 말 없는 아이 대신 초록이들이 우리 집의 싱그러움을 대신 한달까요? 올봄에도 그렇게 몇 개의 반려식물을 입양했습니다. 그런데 반려식물이 저를 행복하게 하는 것만큼 걱정도 함께 선사합니다. 혹여나 죽지는 않을까 염려되어서죠. 식물들을 매일 매일 살펴보고 아침저녁으로 변화를 관찰합니다. 조금이라도 시든 잎이 있는 건 아닌지 살피고 햇빛을 골고루 쐬라고 이리저리 옮겨 주기도 해요. 영양이 부족할까 봐 영양제도 꽂아주고 숨 못 쉴까 봐 잎도 닦아줍니다. 정말 금이야 옥이야 돌보지요. 잘못될까 봐 그야말로 전전긍긍합니다.

그런데 밖에 나가보면 그런 나의 행동이 머쓱해져요. 길가에 수없이 돋아나는 연두들을 보면 말이죠. 그 아이들은 돌보는 사람이 있는 것도 아닌데 너무나 씩씩하고 싱그럽게 자라나니까요. 영양제를 주는 것도 아니고 매주 물을 주지도 않는데 어떻게 저렇게 자라는 걸까요. 궁금하고 대견합니다. 그러면서 집에 있는 초록이들이 생각나요. 제가 온실처럼 아늑한 환경만 제공해줘서 스스로 강하게 클 수 있는 아이들을 약하게 만든 것이 아닌가 하고 말이죠. 이건 비단 식물들만의 이야기는 아닙니다.

초등학교 때 우리 아이들은 다른 또래보다 많은 학원에 다니는 부류였어요. 맞벌이였으니까요. 아이들이 어린이집 끝나고 내가 퇴근할 때까지 가 있을 곳이 필요했습니다. 어머님이나 언니에게 부탁해도 되었겠지만 폐를 끼치고 싶지는 않았습니다. 아이가 정말 아플 때 빼고는 학원에 보냈던 것 같아요. 큰아이는 일곱 살, 작은 아이는 다섯 살 무렵부터였죠. 처음엔 태권도로 시작했어요. 인라인, 수영, 스피드 스케이트 등 체육특기생을 만들 거냐는 말을 들을 정도로 많은 운동을 시켰어요. 그렇게 음미체 학원을 전전했습니다. 물론 음미체가 삶을 풍부하게 하는 모티브라서 중요하게 생각한 건 맞지만, 그것 아니고는 대안이 없었습니다. 낮 시간을 채울 곳이 필요했으니까요. 3학년 때 학교에서 영어를 배우면서 뒤늦게 영어 학원도 다녔습니다. 또 직접 수학을 가르치다가 너무 화를 참지 못해 결국 수학 학원 하나를 추가했지요. 아이들은 하교 후 학원만 주야장천 다녔습니다.

아이들이 중1, 초5 학년이 되면서 모든 학원을 정리했어요. 이제 둘이 집에 있을 수 있는 나이가 되었으니까요. 집에서 혼자서 필요한 공부를 조금씩 해보자고 했습니다. 그런데 아이들이 어떻게 시작해야 할지 모르더라고요. 멍하니 나만 바라봅니다. 스스로 생각하고 계획 세우는 것을 너무나 어려워했습니다. 그동안 아이들은 음미체 선생님과 엄마의 지시를 따르는 것에만 익숙해져 있었던 거지요. 아이들이 가장 싫어하는 말이 '네가 생각해서 알아서 해'라는 말이 되어버렸어요. 어느새 우리 아이가 내가 키우는 저 초록이들처럼 여리고 약한 존재로 크고 있었습니다.

"시험이 일주일 남았는데 어떻게 해야 하지?"

첫 번째 중간고사를 앞둔 중2 딸아이가 슬그머니 다가오더니 묻습니다.

"네가 계획 세워서 해봐."

아이는 당황합니다. 한 번도 시험 계획을 세워본 적도 공부를 해본 적도 없으니까요. 학원에 가서 선생님 도움을 받아도 된다고 했지만 그건 싫다네요. 혼자서 공부하는 것보다 훨씬 더 많은 양을 해야 한다는 걸 이미 느끼고 있기 때문일 거예요. 친구들이 매번 숙제 많아서 학원 가기 싫다는 말을 입에 달고 사니까요. 아이는 그건 아닌 척 점잖게 얘기합니다.

"학원에 가서 제대로 공부 안 해. 학원 가서도 공부하는 건 자신의 몫이야. 누가 시킨다고 억지로 되는 게 아니잖아."

핑계는 아주 그럴싸합니다. 그렇다고 본인이 스스로 공부하는 것도 아니면서요.

"그럼 너는 어떻게 할 건데"?

그 질문에는 쉽사리 답을 하지 못합니다.

"해본 적이 없어서 잘 모르겠어."

순간 아이에게 교과서로 공부하는 법과 노트 정리, 기출문제 풀이와 문제집 풀이법 등을 체계적으로 가르쳐 주고 싶은 욕심이 앞섭니다. 그때 내 눈앞에 베란다의 여리디여린 식물이 눈에 들어옵니다. 저 아이를 식물처럼 만들 수는 없습니다.

"네가 스스로 찾아보고 해봐. 네 공부잖아. 실수해도 실패해도 네가 스스로 배워야지. 나는 우리 딸이 잘할 수 있을 거라 믿어."

모르겠습니다. 나는 잘 나간다는 아이들처럼 교육에 관심 없는 재력가 남편과 정보력이 없습니다. 그저 미련하게 아이에게 맡기고 기다릴 수밖에 없습니다. 아직 중2이면 시간이 있다고 생각하니까요. 아이가 스스로 부딪혀 보고 자신이 꼭 공부가 필요하다고 생각하는 날을 기다립니다. 그때 자신이 세운 어설픈 계획이라도 가져와 상의한다면 아이의 이야기를 기꺼이 들어줄 겁니다. 하지만 내가 먼저 플랜을 세워 아이에게 들이미는 일은 하지 않으려 합니다. 지금의 이 결정이 아이에게 어떤 영향을 미칠지 모릅니다. 성적이 좋지 않을 수 있습니다. 아이가 좋은 대학에 못 갈지도 모르지요. 하지만 아이 스스로 흔들려 보고 부딪치고 깨지며 단단해졌으면 좋겠습니다. 그렇게 부딪힌 세상 끝에서 아이가 비로소 웃으며 내 인생을 살았노라고 말하면 좋겠습니다. 단단해진 뿌리를 지탱하며 나를 바라보고 방긋 웃으면 됩니다. 길가에 단단히 뿌리 내리고 더운 여름을 느긋이 준비하는 잡초처럼요.

바람이 붑니다. 길가의 잡초가 세차게 흔들립니다. 나 역시 베란다 창문을 열어 내 식물들에 찬바람을 보내봅니다. 그 거센 바람이 길에서 맞는 따가움은 아니라도 여린 아이를 조금 더 단단하게 해주지 않을까 기대해 봅니다. 봄날의 연두를 사랑한다면 그 아이가 초록이 되기 위해서 겪어야 하는 비바람을 막아주지 않아야겠습니다. 잎이 찢어지는 한이 있어도 스스로 맞서보라고 해야겠습니다. 연약한 이파리는 거센 비바람에 흔들릴지언정 찢어지지는 않을 겁니다. 그 바람을 이겨내고 더 멋지고 건강한 초록으로 자라날 것이라 믿습니다.

지금 이 순간의 행복

"다시 돌아가고 싶다면 스무 살로 돌아가실래요?"

가끔 저에게 사람들이 묻습니다. 단연코 '아니'라고 대답합니다. 전혀 그때로 돌아가고 싶지 않습니다. 그때는 모든 게 너무 혼란스러웠거든요. 앞으로 내 인생이 어떻게 될지 몰라 한 발 한 발 내딛는 것이 너무 두려웠습니다. 매일 혼란스럽고 매번 아팠습니다. 울고 상처받고 다시 한발 나가는 걸음이 너무 무거웠어요. 앞날에 뿌옇게 안개가 낀 것 같았습니다. 그 길을 헤쳐 나가는 게 어렵고 무서웠습니다. 알 수 없는 미래에 대한 막연한 두려움 때문에 그 아름다운 시절을 마음껏 즐기지 못했습니다.

그 시절이 그립지는 않지만 딱 한 가지 아쉬운 점은 있습니다. 그때 미래가 두렵다는 이유로 내 젊음을 아무렇게나 대했던 것 말이지요. 젊을 때의 나 그대로를 즐겼으면 좋았을 걸 하는 생각이 듭니다. 그때는 나 자신이 얼마나 예쁜지 몰랐거든요. 그때 내가 가진 그 모습으로도 충분히 사랑스러웠다는 걸 몰랐습니다. 늘 부족하다고 생각했고 채워지지 않는 마음 때문에 당당하지 못했습니다. 지나고 보니 그때 내 모습 그대로도 썩 괜찮았는데 말이죠. 내 모습을 사랑하고 그 모습 그대로 즐기지 못했다는 생각에 많이 아쉽습니다. 반드시 20대로 돌아가야 한다면 그때는 아름다운 그 시절을 조금 더 즐기고 싶습니다. 보이지 않는 미래 때문에 두려워하며 현재를 놓치는 실수를 하지 말아야겠습니다. 내가 가진 것으로도 충분히 빛나고 있다는 것을 알고 미래를 준비하되 조금 더 행복하게 살고 싶습니다.

지나야 보이는 것이 있습니다. 아이를 키우면서도 마찬가지입니다. 유치원 때는 유치원이 가장 중요하게 생각됩니다. 미래를 준비하기 위해서 유치원 때부터 준비해야 한다는 생각이 강하지요. 네다섯 살 된 아이를 영어 유치원에 입학시킵니다. 한글도 모르는 아이가 하루 종일 영어만 써야 하는 환경에서 힘들어하는 줄 꿈에도 모른 체 말입니다. 무난하게 잘 적응하는 것처럼 보입니다. 아이가 유치원에서 배운 영어로 말하면 흐뭇해하지요. 역시 영어 교육은 빠를수록 좋다고 생각합니다. 결국 아이가 겪었을 스트레스와 영어에 대한 부담감은 고스란히 아이의 기억에만 묻힙니다. 좋은 결과로 힘들었던 과정이 덮여버립니다.

초등학교 때는 아이의 부담이 더해집니다. 아이가 4학년 때 같은 반 친구 엄마들을 만나 함께 밥을 먹으며 학원 이야기를 한 적이 있습니다.

이야기하다 보니 우리 아이만 논술학원을 안 다니고 있더라고요. 다른 아이들에 비해 뒤처지는 것 같은 기분이 들었습니다. 중학교나 고등학교에서 꼭 필요하다는 국어 능력을 내 아이만 키워주지 않은 것 같은 죄책감이 들더군요. 그래서 아이를 바로 논술학원에 보냈던 기억이 있습니다. 아이는 다니던 학원이 하나 더 늘었다는 부담감이 있었지만, 엄마를 이길 수 없다는 생각에 받아들였습니다. 그렇게 1년 넘게 논술학원에 다니다 선생님 사정으로 그만두었습니다. 물론 아이가 그때 책도 읽고 글도 많이 써보면서 많은 도움이 되었을 테지만, 초등학생이 하루에 한두 가지 학원을 꼭 다녀야 하는 현실이 쉽지는 않았을 겁니다. 중고등학교 공부를 위해서 아이는 충분히 놀지도 쉬지도 못했습니다. 아이에게 4학년은 일생에 단 한 번밖에 오지 않을 날인데도 말이지요.

아이가 중2가 되니 초등학교는 아무것도 아니라는 생각이 듭니다. 초등 때는 공부의 기본이 되는 성실함을 배우기 위해 매일 조금씩 엉덩이 힘만 길러도 충분하다고 생각합니다. 본격적인 공부를 해야 하는 중학생이 되기 전에 지치는 아이들이 꽤 있습니다. 사춘기 반항과 맞물려 이제 자신을 그만 내버려두라며 공부까지 손 놓은 아이들입니다. 초등학교 때까지는 엄마가 하라는 대로 초등학교 5학년 때 고등학교 수학 문제집을 풀어내던 순종적이었던 아이들이었습니다. 하지만 이제는 더는 힘들어서 못 하겠다고 두손 두발 다 듭니다. 아이도 힘이 드니까요. 하지만 엄마는 포기하지 않고 아이에게 더 강하게 강요합니다. 결국 아이와 엄마 사이에 갈등이 깊어져 엄마를 원수같이 여기는 아이들도 생깁니다.

그렇습니다. 지나고 보니 초등학교 때는 공부보다도 말이 통해야죠. 엄마를 믿을 수 있는 아이로 키우는 것이 훨씬 더 중요합니다. 그때 논술을 하지 않으면 마치 중학교 공부를 못 따라갈 것 같았던 내 두려움이 아이를 힘들게 했습니다. 그때 하루도 편하게 쉬지 못한 아이는 많이 힘들었을 거예요.

우리는 누구나 현재를 살아가야 합니다. 미래를 위한 준비도 필요하겠지만 각자에게 주어진 오늘 하루도 너무나 소중합니다. 그런데 미래만 준비하느라 우리는 오늘을 행복하게 지내지 못합니다. 오늘을 희생하더라도 미래를 위해 준비해야 한다고 강요합니다. 이 강요가 나뿐만 아니라 내 아이에게도 이어집니다. 지금 준비하지 않으면 미래에 한발 아니 아주 많이 뒤처질 것처럼 겁을 줍니다.

하지만 잊지 않았으면 좋겠습니다. 오늘 행복을 놓쳐버리면 내일은 오늘의 행복을 보장해주지 않는다는 걸요. 아이의 중고등학교 아니 대학도 중요합니다. 열심히 해서 자신의 미래를 만들어가는 성실성을 무시하자는 것이 아닙니다. 아이가 분명히 갖춰야 할 생활태도 맞습니다. 하지만 그것에 온통 아이 삶이 매몰되지 않았으면 좋겠습니다. 아이의 오늘 하루, 지금 이 순간도 미래 어느 날의 하루만큼 소중하니까요.

중간고사를 앞둔 딸이 스트레스를 받는답니다. 뭔가 공부를 해야 할 것 같긴 한데 하기는 싫은 그런 마음처럼요. 사춘기 아이는 귀찮기도 하고, 잘하고 싶은 마음도 있으니까요. 아이에게 계획을 세워 노력하되 계획에 포함되지 않는 시간까지 걱정하지는 말라고 했습니다. 아이가 모든 순간은 아닐지라도 하루 중에 작게 여러 번 편안했으면 좋겠습니다. 이 순간도 아이 일생의 빛나는 한순간이니까요. 미래를 위해서 모든 순간이 매몰되지 않았으면 해요. 아이에게 지금 이 순간의 소중함과 기쁨을 알게 해주고 싶습니다. 먼 훗날 돌아봤을 때 그때 참 좋았노라고 기억할 수 있도록요.

잊지 않았으면 좋겠습니다.
오늘 행복을 놓쳐버리면
내일은 오늘의 행복을 보장해주지 않는다는 것을.

넌 뭐든지 할 수 있어

　아이가 사춘기입니다. 움직이지 않으려고 합니다. 다니던 운동 센터에 새롭게 GX프로그램이 열렸어요. 아이에게 케이팝 댄스 체험을 하자고 제안했지만 싫다네요. 옆으로 빠져서 꿈쩍하지 않습니다. 한 시간 동안 옆에서 춤추는 모습을 지켜만 보더라고요. 케이팝 댄스에 관심도 없던 내가 아이 대신 춤을 추었습니다. 화가 머리끝까지 났지요. 꼭 시켜야지 다짐했습니다. 한 번은 해보고 아니면 그때 그만두자고 설득에 설득을, 화에 화를 더했습니다.

　아이는 마지못해 딱 한 번만 해보겠다고 하더군요. 안 하면 용돈도 없다며 욕을 해대니 어쩔 수 없었겠지요. 해보고 안 하는 것과 해보지도 않고 안 하는 것은 완전히 다른 문제니까요. 그렇게 어렵게 딸을 설득해 체험해 보았습니다. 내친김에 요가, 필라테스와 줌바까지 체험하게 되었습니다.

참 움직이기 싫어하는 아이였습니다. 그런데 이제는 GX갈 시간이 되면 스스로 준비하고 나갑니다. 시작 시각에 늦는 건 예의가 아니라며 나를 다그칩니다. 민망해서 하지 않으려고 꺼리던 줌바까지도 열심히 합니다. 도대체 아이에게 무슨 일이 일어난 걸까요.

처음 오픈한 센터 프로그램에는 사람이 별로 없습니다. 몇 안 되는 회원들에게 성심성의껏 지도해주시지요. 게다가 어른들만 오는 센터에 중학생은 낯설고도 귀여운 존재입니다.

아이가 처음 체험에 참여했을 때부터 선생님들이 아이를 귀여워해주셨지요. 잘한다고 칭찬도 많이 해주시고요. 그런 환대와 칭찬을 받는 게 좋았던 모양입니다. 그때부터 몸치였던 아이가 춤 연습을 땀범벅이 되도록 하더라고요.

학교에서는 고만고만한 아이들과 함께 지내기 때문에 특출하게 잘하는 것이 없는 이상 관심을 받기가 어렵지요. 하지만 센터에서는 누구나 만나면 아이를 귀여워하고 환영해줍니다. 아이는 하루도 빠지지 않고 운동에 참여했고 집에 오면 춤과 요가 동작을 연습했습니다. 그러면 다음 시간에 선생님이 많이 늘었다며 칭찬을 해줍니다. 그야말로 선순환이었지요. 운동을 시작한 지 두 달 후 우리 아이가 센터에서 케이팝을 가장 잘 추는 회원이 되었습니다. 선생님도 가장 많이 늘었다고 칭찬합니다. 이제 몸치라고 놀리지 못할 정도입니다. 또 요가도 제일 잘하는 회원이 우리 아이예요. 늘 선생님께 엄지척을 받습니다. 내가 빠지는 날도 아이는 성실하게 꾀부리지 않고 갔습니다. 실력이 늘 수밖에 없지요. 연습도 하고 수업에도 빠지지 않고 성실히 다녔습니다. 거기에 선생님들이 날려주는 과한 칭찬과 인정은 아이를 파닥파닥 춤추게 했습니다. 성실하게 해내는 모습에 나와 남편 또한 감탄에 감탄을 더했지요. 아이는 반짝반짝 빛을 발하기 시작했습니다.

　아이는 인정받고 싶습니다. 사춘기가 되면 부모의 그늘에서 벗어나 사회 구성원으로 존재감을 드러내며, 자신도 이만큼 괜찮은 사람이라고 인정받고 싶어 합니다. 하지만 학교에서는 경쟁이 너무 치열하죠. 무엇하나 인정받기가 어렵습니다. 그럴 때는 다른 곳으로 눈을 돌려보면 어떨까요. 아이가 환영받고 칭찬받을 수 있는 곳으로 가는 거죠. 예전에 아이와 함께 탁구를 배울 때였어요. 많은 어른들 사이에서 열심히 연습하는 아이를 보면 관장님뿐 아니라 회원들이 모두 박수쳐 주었습니다. 지나가면서 칭찬을 잊지 않았고 용돈까지 주기도 했습니다. 아이는 탁구장에서 늘 귀엽고 성실하고 운동 잘하는 환영받는 존재였어요. 중학교 스케줄 때문에 탁구장을 그만둘 때 아이가 울었습니다. 평소 감정 표현이 많지 않은 아이였는데요. 많이 서운하고 아쉬워했습니다. 자신이 환영받는 장소를 떠난다는 것이 못내 싫었던 거겠지요.

　사춘기 아이에게 자존감과 인정받고 싶은 욕구를 키워주고 싶다면 아이가 환영받고 인정받을 수 있는 공간으로 데려가면 좋습니다. 아이가 실력을 쌓아나가면서 행복하게 성장하는 모습을 보게 될 것입니다. 게다가 그곳에서 '노력하면 되는구나', '나는 뭐든 할 수 있는 사람이구나!'라는 것을 배우게 됩니다. 이런 성실한 노력은 아이가 공부하든 무슨 일을 할 때 아이를 키워 줄 원동력이 되어줄 것입니다.

아이의 자존감을 키워주고 싶다면

아이가 환영받고 인정받을 수 있는 곳가으로 데려가면 좋습니다

그곳에서 '노력하면 되는구나

나는 뭐든 할 수 있는 사람이구나'라는 걸을

배우게 되지요

김치 볶음과 감자튀김

"다녀올게."

아침 일곱 시, 남편이 출근 인사를 건넵니다. 화장실에서 나와 인사를 하려는데 벌써 가버렸네요. 식탁 위를 보니 밥상이 차려져 있습니다. 하얀 그릇에 소복이 담겨있는 시리얼과 옆에 나란히 놓인 숟가락. 남편이 또 아이들 밥을 차려놓고 갔습니다. 딸아이는 아침을 먹지도 않고 학교에 가는데도, 남편은 빼놓지 않고 두 아이의 아침을 차려두고 출근합니다. 꼭 아침 먹기를 바라는 아빠의 마음을 알고 저걸 먹고 가면 좋겠는데요. 퇴근하고 오면 식탁 위에 저 시리얼이 그대로 남아있는 건 아닌지 모르겠네요.

아빠의 밥상은 다양하진 않지만 늘 그 자리에 있습니다. 어쩔 땐 삼각김밥을 차려둡니다. 남편은 아이들이 뜯기 힘들다며 꼭 한쪽 끝을 뜯어두고 갑니다. 아이들이 먹지 않고 가서 뜯어진 삼각김밥이 마를 때도 있지만, 신경 쓰지 않습니다. 그저 아이들이 편하게 먹을 방법만 고민하지요.

　간단하지만 소박한 밥상을 보면 참 무던히도 섬세한 사람입니다. 배고프면 뭐라도 꺼내먹겠지라고 생각하는 나와는 다릅니다. 언제나 남편이 출근하기 전 빈속으로 출근하는 것이 안타까워 요구르트를 까서 입에 넣어주었다던 어머니를 많이 닮았습니다. 남편의 도시락엔 항상 친구들이 부러워하는 소시지와 계란 반찬이 있었답니다. 비가 올 때면 항상 어머니가 우산을 들고 교문 밖에서 남편을 기다렸다네요. 가정주부여서 가능하기도 했겠지만, 지금도 늘 사랑한다고 표현을 잘하시는 어머니답습니다. 남편의 도시락 반찬과 우산 이야기를 들을 때면 자연스럽게 나의 어린 시절도 소환됩니다.

　우리 엄마는 아빠와 함께 농사를 지으셨습니다. 한량 기질이 있는 아빠 덕분에 농사일은 온통 엄마 몫이었지요. 새벽에 일어나 우리를 깨워두고 대충 아침을 챙겨 먹고 엄마는 농사일을 나갔습니다. 곡식은 농부의 부지런한 발걸음 소리를 듣고 자란다는 말처럼 엄마는 그렇게 부지런했습니다. 나는 엄마가 나간 뒤 한참 후에 일어나 학교에 갔습니다. 준비된 도시락 따위는 없었고, 직접 김치를 볶아 반찬을 만들고 도시락을 준비했습니다. 매번 김치 볶음만 싸 오는 반찬을 친구들 앞에서 꺼내기 부끄러웠습니다. 어떤 날은 집에 가서 점심을 먹어야지 생각하고 그냥 학교에 가기도 했습니다. 하지만 점심시간에 집에 가서 밥을 먹으려 해도 따뜻한 밥과 반찬은 없을 게 분명했지요. 집에 가는 척하고 운동장을 배회한 적이 참 많습니다. 배는 고프니 맹물을 먹어보지만 배고픔은 가시지 않았어요. 아빠 주머니에서 몰래 챙긴 동전으로 불량식품을 사 먹으며 하루를 버텼습니다. 비가 오는 날은 무조건 비를 맞았습니다. 교문 앞에서 나를 기다리는 엄마는 없었지요. 비를 쫄딱 맞으며 집에 갈 때마다 마음이 고팠던 기억이 선연합니다. 물론 바쁜 농사철이 지나면 엄마 아빠가 우리에게 돌아왔습니다. 겨울이면 함께 누워 성경책도 읽고, 성가도 부르고, 〈전설의 고향〉을 보며 소리를 질러댔지요. 그 따뜻했던 기억 빼고는 어릴 때 도시락만 생각하면 마음이 텁텁해집니다. 외할아버지가 일찍 돌아가셔서 강하게 키워졌던 엄마는 사랑한다는 표현보다는 일하기에 바빴으니까요. 항상 일에 지쳐 돌아와 앓는 소리를 내는 엄마만이 기억에 남아 있습니다. 그런 엄마에게 따뜻한 밥상을 기대하는 나는 철부지였겠지요. 바랄 상황이 아닌데도 친구들의 소시지 반찬이 너무나 부러웠습니다. 그래서였을까요. 그런 소시지 반찬을 먹고 자란, 비 한번 제대로 맞은 적 없는 남편을 만나게 된 것 같습니다.

퇴근 시간 무거운 몸을 이끌고 집으로 향합니다. 오늘은 회식이 있어 조금 늦었습니다. 지하철에서 내려 남편에게 전화를 걸었습니다. "왜 지하철에 마중 안 나와떠?" 혀가 세 살처럼 짧아진 목소리로 남편에게 투정을 부립니다. 남편은 그걸 다 받아줍니다. "지금 나갈게."

나오면서도 남편은 나와 계속 통화를 해줍니다. 저기 저만치 남편이 보입니다. 나는 어릴 때 교문 밖에서 기다리던 엄마를 만난 듯이 남편이 너무 반갑습니다. 멀리서 보이는데도 벌써 마음이 따뜻해지는 기분입니다.

"왜 이렇게 가방이 무거워."

남편은 나를 보자마자 내 가방을 자기 어깨로 옮겨갑니다. '당신이 있어 참 좋아.' 말은 하지 않았지만 남편의 어깨에 손을 두릅니다.

"집에 뭐 맛있는 거 있어?"

남편은 저녁 먹고 온 거 아니냐며 좋아하는 감자튀김을 사주느냐고 묻습니다. 남편만 보면 늘 허기가 집니다. 남편에게서 어릴 때 먹지 못했던 소시지 냄새가 나나 봅니다. 남편의 주머니에는 핸드폰과 카드 한 장이 들어있습니다. 언제나 맛있는 걸 사달라고 조르는 나를 위해 늘 가지고 다닙니다. 나는 남편의 작고 낮아진 어깨를 두른 손에 더 힘을 줍니다. 저녁 바람이 시원합니다.

'띠리링'

설핏 늦잠을 잤습니다. 앞집에서 문을 여는 소리에 눈을 떴습니다. 어김없이 7시 10분입니다. 매일 저 시간에 앞집 남자가 출근하려고 문 여는 소리를 듣습니다. 저 사람도 참 부지런하다 싶으면서도 매일 매일 열리는 문소리가 왠지 처량하게 들립니다. 엄마가 나를 두고 일 나가던 소리 같습니다. 엄마처럼 날마다 또 열심히 살아내야 하는 내 마음의 소리처럼도 들립니다. 남편은 이미 출근하고 없습니다. 밥상 위에는 다소곳하게 시리얼이 차려져 있네요. 아들 핸드폰에서 카톡 소리가 들립니다. 가족 방에 남편이 보낸 카톡이 와 있네요.

"오늘 아침은 선선하네요. 낮에는 덥겠어요."

매일 아침 날씨를 전해주는 우리 집 기상특파원입니다. 우리가 옷을 입을 때 참고할 수 있도록 아침마다 카톡으로 날씨를 전해주지요.

"고마워요. 우리 집 기상특파원."

답장하고 부리나케 일어나 출근 준비를 합니다. 햇살이 참 따뜻합
니다.

교문 앞에서 나를 기다리는 엄마 따위는 없었지요.

비로 꼿딱 맞으며 집에 갈 때마다 마음이 고팠던 기억이 선명합니다

새벽까지 잠 못 드는 이유

"엄마, 나 수학 문제 푸는데 옆에 있어 주면 안 돼?"

"그래, 알았어."

화장실에서 응가할 때조차 무릎에 앉혀두고 볼일 봤던 아이입니다. 뭐 그까짓 수학 문제 푸는 것쯤 옆에서 지켜볼 수 있지요.

시작은 '정말 대단하다'라는 경이로운 눈으로 시작했습니다. 아이가 너무 좋아하더라고요. 나도 참 좋았어요. 오랜만에 훌쩍 큰 내 아이 얼굴도 실컷 보고요. 대단하다고 엄지척도 날려주었죠. 행복한 시간이었습니다. 그런데 시간이 너무 안 가는 거예요. 수학 문제집 한 번 보고 아이 얼굴 한 번 봤는데 겨우 10분밖에 안 지났습니다. 허리도 아픈 것 같고 좀이 쑤시기 시작합니다.

"잠깐만, 엄마가 간식 가져올게."

슬그머니 자리에서 일어났습니다.

다음날, 다시 시작입니다. 실상 아이의 수학 문제집만 쳐다보면 내가 죄다 풀어버리고 싶습니다. 아이가 빨리 숙제를 마쳐야 나도 쉴 수 있으니까요. 하지만 아이는 하세월입니다. 급한 게 하나도 없습니다. 집중 좀 했으면 좋겠는데 부스럭거릴 일이 무척이나 많습니다. 저를 보고 웃어주는 아이의 모습이 대견해서 한 번은 참습니다. 그런데 점점 마음이 급해집니다. 채점해서 틀린 문제가 있을 때쯤엔 결국 한계에 다다릅니다. 다시 지리하게 문제를 풀어야 된다고 생각하니 울컥하네요. 애 실력이 늘든 말든 빨리 풀고 끝냈으면 하는 마음뿐입니다. 아이가 혼자서 문제를 다시 풀고 생각할 시간 따윈 허락하지 않습니다.

"이건 이렇게 풀면 되겠네. 빨리빨리 해."

결국 짜증스러운 말투로 마무리하고 말았습니다. 아이 수학 실력이고 뭐고 나도 쉬고 싶습니다.

어김없이 그 시간이 또 왔습니다. 수학 문제집 푸는 시간이요. 이제는 안 되겠다 싶어 책 하나를 들고 책상에 마주 앉습니다. 아이는 문제집 풀고, 나는 자기계발서를 읽어요. '엄마도 책 읽고 공부하는 교양 있는 여자야'라고 보여주고 싶어 책을 가져오긴 했습니다. 하지만 얼마 안 가 한 줄 읽고 딴생각, 한 줄 읽고 딴생각을 합니다. 아이랑 별반 다르지 않습니다. 책 내용이 머릿속에 하나도 남질 않습니다. 결국 아이 몰래 휴대폰을 책 속에 끼워 넣고 유튜브를 켭니다. 묵음으로 봐야 해서 자막 있는 영상으로 신중하게 고릅니다. 아이가 눈치챌지 모르니 조심조심 행동해야 합니다. 들키면 위신이 안 서니까요. 중간중간 책 넘기는 시늉까지 하며 잘 넘겼습니다. 그런데 또다시 채점의 시간. 아이는 틀린 것도 신기하게 봐주는 엄마이길 바라나 봅니다. 연신 싱글벙글하네요. 하지만 나는 아닙니다. 지루하게 문제를 푸는 둥 마는 둥 했던 아이에게 결국 한마디하고 말았습니다.

"한심하네. 이것도 모르니? 답답하다. 진짜."

아이는 곧 울음을 터트릴 것 같습니다. 하지만 나도 많이 참았다고요. 빨리 이 자릴 끝내고 싶은 마음뿐입니다.

"문제 똑바로 읽어. 자꾸 딴생각하니까 그렇지. 집중해, 집중."

책 한 줄에 그렇게 집중 못 하던 사람답지 않게 아주 당당합니다.

엄마도 쉬고 싶습니다. 엄마도 놀고 싶습니다. 엄마도 힘듭니다. 내 자식 예쁘죠. 내 자식 참 좋아요. 너무 이쁜 아이지만 학원 간다고 잠깐 나갈 때 더 이쁘더라고요. 수학 문제 다 풀고 다 맞아서 봐줄 거 없을 때가 더 이쁩니다. '엄마, 힘드니까 좀 쉬어.' 하면서 내 방문 닫고 나가줄 땐 세상에서 제일 이쁩니다. 아이들 다 재우고 나서 혼자만의 시간을 가져보겠다고 겨우 잠을 참아내는 것도 다 그 이유에요.

SNS에 나오는 엄마들은 애 키우면서도 어쩜 저렇게 잘 꾸미고 다니는 걸까요? 집집마다 보모 한 명씩 있는 건가요? 다른 집 애들은 또 그렇게 인성도 좋고 성격도 좋고 공부도 잘하는지. 나도 정성 다해 키운다고 키웠는데 이건 뭔가 싶습니다. 남들 사는 거 보면 뭐 하나 싶어 유튜브를 켭니다. 패션 영상도 보다가 웃긴 영상도 보다가 드라마도 봅니다. 결국은 아이 공부시키는 법으로 마무리가 됩니다. 하지만 공부법 백날 봐도 애가 안 따라주면 소용없습니다. 차라리 엄마가 지금 공부하면 서울대 갈 수 있을 것 같다는 말 농담 아닙니다. 보고 있으면 잔소리하게 되고 떨어져 있으면 애틋해요. 나도 내 마음을 잘 모르겠습니다.

사실 나도 그렇게 완벽한 사람이 아닙니다. 빈틈투성이에요. 놀고 싶은 것도 많고 내 멋대로 하고 싶죠. 그런데 아이가 보고 있으니 얼마나 나를 억누르는지 몰라요. 아이 생각해서 좋은 음식만 권해보지만 나도 라면 좋아해요. 과자 실컷 먹고 싶고, 넋 놓고 드라마도 볼 줄 압니다. 한때 친구들 사이에서 노는 여자였습니다. 참고 있다는 거 애쓰고 있다는 거 아무도 모르지만 나는 압니다. 그래서 나를 토닥토닥해주고 싶어요. 오늘 밤도 야식으로 라면을 끓입니다. 새벽이 가까워져 오지만 아직 자고 싶지 않습니다. 눈도 뻑뻑하고 목도 마릅니다. 물을 마시다가 낮에 아이가 주스 한 잔 따라준 게 갑자기 생각나네요. 그래도 '내 자식이 최고다.' 하며 휴대폰에 아이 사진 뒤적이다 잠이 드는 게 나란 엄마예요.

오늘도 아이 수학 문제집 푸는데 마주 앉았습니다. 오늘은 또 어떻게 시간을 보내야 하나 이리저리 머리를 굴려봅니다. 아이 혼자서 풀었으면 정말 좋겠는데, 그 말이 안 나옵니다. 아이 앞에서 단단하고 바른 엄마이고자 내 마음을 숨긴 채 책상에 마주 앉습니다. 아이가 나를 보고 웃습니다. 나도 따라 웃습니다. 또다시 읽히지 않는 책을 얼마나 더 읽어야 하나 한숨이 나옵니다. 하지만 나는 엄마입니다. 내가 졸다 쓰러지는 한이 있더라도 결코 아이 옆을 떠나지 않을 겁니다.

네 모습 그대로도 충분해

예전에 함께 근무하던 선생님이 있었습니다. 가녀린 몸매에 순한 인상을 가진 그야말로 착함이 묻어나는 인상의 선생님이었지요. 그 선생님은 다른 사람들을 배려하는 것에 익숙해 보였어요. 늘 겸손한 태도로 동료 교사를 대하는 훌륭한 인품을 지닌 분이었어요. 그런데 한 가지 안타까운 점이 있었습니다. 너무 배려가 지나쳤던 걸까요. 모두를 배려하는 모습이 자신 없는 사람처럼 보였습니다. 누구에게든 허리를 조아리고 말을 하는 습관 때문인지 죄지은 것 같은 인상이 들었지요. 왜 저 사람은 무엇 때문에 저렇게 주눅이 들어있을까 궁금했습니다. 자기 역할을 못 하는 사람도 아니었고, 다만 조용한 성격이었을 뿐이거든요. 그런데 왜 당당하지 못하고 저리도 부끄러움이 많은 걸까 의아했습니다. 교사들 앞에서 마이크를 잡을 때면 손을 덜덜덜 떨었습니다. 안쓰러울 정도로 떠는 모습을 보면서 '무엇이 한 사람을 저렇게 작아지게 만드는 걸까?' 궁금했던 기억이 있습니다.

어제 운동을 하러 갔습니다. 딸아이가 혼자 배우기 쑥스럽다고 해서 억지로 케이팝댄스 수업에 참여하게 되었습니다. 수업을 시작하려는데 새로운 회원 한 분이 들어왔습니다. 방금 퇴근하고 왔다는 어림잡아 50대 여성분이었습니다. 처음이라 허우적거리며 따라 합니다. 케이팝 댄스는 손과 다리가 별개로 움직이는 춤이라 난이도가 높습니다. 춤에 어지간한 재능이 있지 않고서는 헤매기가 쉽지요. 선생님도 매번 연습 많이 하라고 숙제를 줄 만큼 몸에 익히는 데 시간이 걸리는 운동입니다. 정신을 바짝 차리지 않으면 순식간에 지나가는 동작들을 따라 하기도 벅찹니다. 아니나 다를까 그분은 진땀을 흘리더군요. 때로는 우스운 동작이 나오기도 했습니다. 오늘 처음 온 회원이 있는데 하필 어려운 곡이라며 선생님도 그분을 다독였습니다. 다음에는 조금 더 쉬운 곡을 하겠노라고 약속도 하셨지요.

하지만 그분의 표정은 밝았습니다. 우리가 흔히 겪었던 멘붕을 전혀 겪지 않은 듯한 해맑음이 있었어요. 춤에 재능이 있는 것도 아니고 우리처럼 허우적거리는데도 말이지요. 수업이 끝나고 어렵지 않았느냐는 선생님의 질문에 해맑게 웃으며 재미있다고 하시더군요. 평소 내가 춤을 좋아하지 않아선지 그분이 춤을 동경해서였는지 그 차이가 어디서 온 건지는 모르겠습니다. 다만 '나는 왜 저렇게 잘하든 잘못하든 즐기지 못했을까?'라는 생각이 문득 들었습니다. 뭐든지 다 잘할 수 있는 건 아닐 텐데, 무언가를 배우면 어느 정도 수준을 해내고 싶은 욕심이 있었나 봅니다. 내가 다른 사람에 비해 그렇게 머리가 나쁘지 않고 동작이 많이 틀리는 게 아닌 데도, 엄청난 스트레스를 받았습니다. 당당하지 못했습니다. 예전에 그 친절한 선생님처럼요.

당당함과 부끄러움의 기준이 있을까요. 어디서든 당당한 사람은 조건과 상황에 상관없이 자신에게 솔직하고, 자신을 귀하게 여깁니다. 그 사람의 당당한 태도는 주변에서도 함부로 대할 수 없는 포스를 느끼게 합니다. 하지만 아무리 좋은 조건을 가지고 있더라도, 눈치만 보고 움츠러드는 사람은 자신 없어 보이기 때문에 주변에서도 함부로 대할 수밖에 없습니다.

나는 어떤 모습을 하고 있었는지 돌아봅니다. 누군가 내 모습을 한마디로 '밝음'이라고 말했던 적이 있습니다. 나와 함께 머물면 주변까지 모두 환해진다고요. 순수하고 맑고 솔직해서 환하게 빛이 난답니다. 건강할 때 내 모습은 그렇습니다. 하지만 가끔은 내가 상황이 안 좋을 때조차도 밝음을 연기하는 내 모습을 보곤 합니다. 몸이 아픈데도 학교에서 동료 선생님을 만나면 웃습니다. 집에 안 좋은 일이 있어 걱정이 가득한데도 밖에서는 밝은 모습을 보여야 할 것 같기 때문이죠. 어디에 가든 밝은 모습을 연기한 탓인지, 모두들 내가 걱정도 없고 스트레스도 안 받는 사람으로 보인답니다.

정작 나는 감정에 예민하고 눈치를 많이 봅니다. 속내를 드러내지 않습니다. 사회생활에서는 약간의 연기가 필요한 건 맞지만 누구를 위해서 힘들 때조차 웃었나 하는 생각이 들었습니다. 언제까지 타인의 눈치를 보며 살아가야 하나 싶습니다. 그래서 그 친절한 선생님이 눈에 밟혔나 봅니다.

내가 가진 내 감정에 솔직해져 봐야겠습니다. 누군가에게 잘 보이기 위해서 하는 연기를 줄이고, 내 마음을 당당하게 표현하겠습니다. 기분 나쁜 일이 있을 때는 분명하게 내 이야기를 전달하고, 내가 행복해지는 일에 시간을 투자해야겠어요. 내가 가진 모습이 작고 모나고 삐죽삐죽하더라도 괜찮습니다. 숨기지 않을래요. 내 모습 그대로도 내가 사랑스럽다는 사실을 인정해 보렵니다. 그것이 이제까지 사람들 사이에서 괜찮음을 연기해 온 나에게 줄 보상이 되어줄 겁니다.

아침 출근길 버스에서 한 사람과 부딪힐 뻔했습니다. 눈에 두려움과 겁이 가득한 여자는 얼마나 총총걸음을 걷던지 보는 사람이 더 불안할 정도였습니다. 어깨에는 힘이 한가득 들어 금방이라도 강도를 만난 듯 보였고 온몸에 긴장이 가득 차 있더군요. 무엇이 저 사람을 저렇게 긴장하게 했는지 안쓰러운 생각이 들었습니다. 그렇게 겁먹지 않아도 무섭기만 한 세상은 아니라고 느끼며 살았거든요. 어떤 일을 당했기에 저렇게 온몸 가득 긴장을 품고 세상을 살아갈까 짠했습니다. 부디 평온해졌으면 하는 바람이었습니다. 아마 그분의 모습에서 내 모습이 보여 그런 마음이 들었던 것 같습니다. 그냥 지나칠 수 있는 일인데 내 모습이 견주어 보일 때 우리는 한 번 더 마음을 쓰게 되니까요. 그분의 안녕을 빌며 내 어깨도 한번 풀어봅니다. 깊이 숨을 들이쉬며 나에게 말해주었습니다.

'괜찮아, 네 모습 그대로도 충분해'

시원한 아침 바람에 머리가 맑아지는 것 같습니다. 오늘도 좋은 하루가 시작되었습니다. 나는 오늘 내 모습을 사랑하며 내 감정에 충실한 채 살아보렵니다. 더 이상 내가 가진 것을 부끄러워하지 않을 거예요. 햇살도 나를 응원하는 건지, 오늘따라 유난히 반짝이며 나를 비춰주네요.

사회생활에서는 약간의 연기가 필요한 건 맞지만

누구를 위해서 힘들 때조차 웃었나 하는 생각이 들었습니다......

이런 엄마라도 괜찮아?

아무도 괜찮냐고 물어보지 않았습니다. 몇 날 며칠을 울었지만 집안에는 고요만이 가득했지요. 나의 마음은 철저하게 외면당했습니다. 아무도 내 마음에 대해 묻지 않았습니다. 그저 가끔 전문대에 가면 어떻겠느냐는 이야기만 들려왔지요. 나는 그 누구에게도 위로받지 못했습니다.

수능을 망치고 나서입니다. 나 자신이 너무나 부끄럽고 실망스러웠습니다. 평소 모의고사보다 점수가 몇십 점이나 낮았습니다. 그동안 내가 생각하던 대학 레벨은 꿈도 못 꿀 정도였지요. 너무 원망스럽고 한심했습니다. 어찌할지 몰라 눈물만 흘렸습니다. 하지만 내 눈물에 아무도 반응해 주지 않았습니다. 평소 가족관계가 불편하거나 무덤덤해서가 아닙니다. 나름 평안하고 괜찮은 가정이었지요. 하지만 그 누구도 '위로'라는 것을 할 줄 몰랐나 봅니다. 아빠는 묵묵부답 말이 없었고요. 엄마는 점수가 낮게 나왔으니, 간호대학에 가라는 말만 했습니다. 그때 나에게 중요했던 건 어느 대학에 가느냐가 아니었습니다.

모든 곳에서 불합격이라는 통지를 받았을 때의 자괴감은 그 누구도 알아주지 않았습니다. 세상에서 쓸모없는 사람이 된 기분이었지요. 몇 날 며칠을 울고 나서 마지막 결정을 해야 하는 순간 엄마에게 마지막 한 톨의 용기를 내어 물었습니다.

"나 이렇게 못했어도 엄마 딸 맞지?"

엄마는 끝내 아무 말이 없었습니다. 외할아버지 없이 외할머니 손에서 자란 엄마는 단 한 번도 외할머니의 칭찬을 받은 적이 없다고 했습니다. 오히려 외할머니의 감정 쓰레기통 역할을 했답니다. 첫째 딸은 귀했고 막내아들은 더 귀했지요. 그 사이 끼인 엄마는 그렇게 구박받는 둘째였습니다. 그런 엄마가 자신의 감정을 인정받고 위로받아 봤을 리가 없지요. 당연히 딸의 감정도 알아주지 못했습니다.

그때 어찌어찌 대학은 점수에 맞춰서 정했지만 나는 1년 넘게 지독한 사춘기를 겪었습니다. 바닥으로 내팽개쳐졌을 때 내 편은 아무도 없었고 마음을 알아주는 가족도 없었습니다. 그때 기억은 오래오래 쓰라림으로 남아 나를 아프게 했습니다. 아무 때나 불쑥불쑥 서러운 생각이 들었어요. 대학교 1학년 내내 갈피를 못 잡던 생각이 납니다. 그때부터였을까요. 속마음을 누구에게도 말하지 못했습니다. 아니 그 전부터도 그랬습니다. 내 이야기도 못 하고 남의 감정에 공감하지 못해 쩔쩔매던 모습이 다반사였습니다.

"당신 힘들었겠다. 여보 힘내."

그런 나의 마음을 처음으로 보듬어 준 것은 남편이었습니다. 하지만 나는 안 그랬습니다. 아무리 힘들다고 해도 절대 남편의 마음을 읽어주지 않았습니다. 아니 못했습니다. 매번 위로 대신 해결책을 내놓은 나 때문에 남편은 마음이 상했나 봅니다. 그저 자기 입장을 알아달라고 했던 것뿐인데요. 공감은커녕 논리적인 답만 찾아냈으니 서운했겠지요. 그러면서 정작 내가 어려운 일을 당했을 때는 남편이 공감 못 해준다면서 화를 내는 내 모습이 참 어려웠을 거예요. 그런데도 남편은 그걸 맞추고 공감해주려 노력했습니다. 나보다 훨씬 더 성숙한 사람이었지요. 남편의 그런 노력을 알아채니 나도 노력할 수밖에 없었습니다. 하지만 누군가의 이야기를 들으며 감정적으로 공감하기보다 듣자마자 논리적인 답이 나오는 버릇은 쉽게 고쳐지지 않았습니다. 사랑을 받은 이가 사랑을 베풀듯이 그렇게 부족한 사람이었습니다.

그때 내게 다시 한번 손을 내밀어 준 사람은 아들이었습니다. 따스하고 섬세한 아빠를 닮았지요. 엄마의 기분을 맞추기 위해 태어난 아이처럼 굴었습니다. 얼굴빛이 조금만 어두워도 나의 기분을 살폈습니다. 그런 아이 덕분에 나 또한 아이에게 조금 더 물어보게 되었습니다. 너의 기분은 어떠하냐고 마음은 괜찮냐고 말이지요.

누군가 그러더군요. 자신을 키워주는 배우자를 만나라고요. 남편이 부모보다 나를 더 사랑으로 키우는 존재여야 한다고요. 그런 차원에서 보면 우리 남편이 나를 아직도 여전히 잘 키워주고 있습니다. 게다가 남편을 닮은 아이도 스승이 되어 나의 모난 점을 감싸 주고 보듬어 줍니다. 사실 나는 겉모습만 어른인 듯합니다. 마음이 단단하기가 아이보다 못할 때가 많습니다. 하지만 그것을 부끄러워하거나 숨기지 않으렵니다. 아이 앞에서 가끔은 응석을 부려보려고 해요. 아이가 힘들 때면 방패처럼 든든하게 아이 곁은 지켜 주겠지만, 때때로 아이에게 기대고 나의 부족한 면을 보여주려고 합니다. 아이와 서로를 안아주고 토닥여주며 그렇게 함께 자라렵니다. 아직도 나는 부족한 인간이니까요. 없는 데 있는 척하지 않고 아이에게 조금 더 솔직해지려고 합니다. 내 모습을 부끄러워하지 않을 거예요. 엄마는 완성된 인격을 가져야만 자격이 있는 건 아닙니다. 조금 부족한 엄마라도 노력한다면 아이는 그런 엄마의 모습을 사랑해 줄 테니까요.

과유불급

나른하니 힘이 하나도 없습니다. 감기 때문에 눈을 겨우 붙잡고 버티고 있습니다. 눈을 딱 감고 싶은데 지금은 그럴 상황이 아닙니다. 줌으로 하는 회의에 참여해야 하니까요. 두 손으로 얼굴을 힘껏 비벼봅니다. 왜 이렇게 컨디션이 안 좋고 힘이 들까 생각해봤습니다. 저녁 7시, 해 질 녘입니다. 해 질 녘이 가장 지치고 피곤한 시간이라고 하니까요. 그 이유라고 생각했습니다. 하지만 아닙니다. 그것 때문이 아닙니다. 저녁을 먹어서입니다. 밥을 먹으면 나른하고 노곤한 정도인 건 이해합니다. 하지만 그것보다 훨씬 힘든 이유는 따로 있습니다. 바로 저녁을 너무 많이 먹었기 때문입니다. 정량보다 많이 먹으니 내 위가 부대끼고 있는 겁니다.

"조금 덜 먹어야 속이 편안해."

엄마가 어려서 자주 하시던 말씀입니다. 엄마가 왜 그런 말을 자주 하는지 이해를 못 했는데, 엄마도 지금의 나처럼 그랬나 봅니다. 소화 기관의 기능은 떨어지는데 식탐은 늘었습니다.

피곤하고 힘들 때 나를 위로하는 방법으로 먹는 것밖에 알지 못합니다. 아이가 열이 펄펄 날 때 함께 지켜보던 언니가 그랬습니다.

"너는 지금 먹을 게 들어가니? 애가 아프니까 정신없어서 입맛이 딱 떨어지는구먼."

나는 그럴 때면 먹었습니다. 무언가를 입으로 집어넣어 충만한 마음이 들어야 스트레스가 풀리는 것 같았어요. 스트레스받아도 먹고, 졸려도 먹고, 피곤해도 먹고, 슬퍼도 먹었습니다. 온통 먹는 거로 나를 위로했지요. 내 위는 그렇게 수시로 먹어대는 통에 낮이고 밤이고 너무 많이 쓰였나 봅니다. 이제 더 이상 그렇게 못한다며 온몸으로 신호를 보냅니다. 컨디션이 다운되는 것으로요. 하지만 또 스트레스를 받으면 먹습니다.

오늘의 스트레스는 출근하고 나서 깨어난 아이가 목이 아파서 침을 삼킬 수가 없다고 할 때부터였습니다. 저녁에 퇴근하면 군고구마를 사서 먹어야겠다고 내 무의식이 결정했습니다. 집에 와서 남편이 사다 준 군고구마를 우걱우걱 먹었습니다. 그래서 내가 이렇게 또 시달리고 있는 거지요.

때로는 과한 것이 부족함보다 못하다 하였습니다. 과유불급인 줄 알면서도 넘치게 투입하고 그만큼 많은 성과를 바랍니다. 특히 아이에게 더 그런 것 같아요. 내 아이는 너무 소중한 존재니까요. 뭐든 주고 싶습니다. 남들이 하는 거라면 빠지지 않고 시켰습니다. 어릴 때 아이 운동시키겠다고 주말마다 아이스링크에 갔습니다. 아이스링크는 한겨울에 정말 춥습니다. 호호 입김을 불어도 좀처럼 손이 따뜻해지지 않지요. 언 손을 녹여가며 남편과 나는 아이스링크에서 아이들 수업받는 걸 지켜봤습니다. 김동성 선수에게 레슨을 받을 때는 너무 신기해서 아이들이랑 함께 사진을 찍어 두기도 했지요. 그렇게 열심히 1년 넘게 아이스링크에 출근을 했습니다. 아이에게 남보다 많은 취미를 만들어 주려고 했습니다. 개인 지도를 받으며 혹시나 저 아이들도 김동성 선수처럼 이 분야에서 두각을 나타낼지도 모른다는 상상으로 즐거웠습니다. 물론 레슨 받는 모습을 지켜보며 아주 평범한 아이들이란 것도 실감했습니다. 우리 상상 속에서 아이는 훌륭한 스케이트 선수였습니다. 하지만 레슨을 그만둔 후로 아이는 남들보다 조금 스케이트를 잘 타는 아이가 되었습니다. 몇 년에 한 번씩 스케이트장에 가지만 배운 기억은 가물가물해졌지요. 어릴 때 배운 운동은 몸이 기억한다는데 그것도 아닌가 봅니다.

그렇게 아이가 소중하고 특별해서 가르쳐 준 취미가 많기도 합니다. 아이는 그저 한때 재미있던 기억으로만 간직하고 있는 듯해요. 그만둘 때는 서운하고 계속하고 싶다고 울었지만 금세 잊어버리고 다시는 찾지도 않았습니다. 다양한 취미를 배울 때마다 아이가 조금 더 특별해서 그 분야에서 성과를 내고 두각을 나타냈으면 하는 우리의 바람은 늘 따라다녔어요. 그때마다 아이는 부담스러웠겠죠. 잘 해내야 한다는 압박감 때문에 알게 모르게 우리 눈치를 많이 봤을 거예요. 그저 즐기라고 했으면 그 순간 아이는 더 행복했을 텐데 말이죠. 너무 많이 가르쳐 주며 배우는 것마다 잘 해내길 바라는 우리, 참 과유불급이었습니다.

아팠던 아이가 아침을 맞이했습니다. 아직 컨디션이 좋지 않으면 학교를 쉬어도 좋다고 말했습니다. 아이가 무리해서 학교에 가 있는 것이 마음이 더 불편할 것 같았거든요. 이럴 때는 둘 다 출근해서 아이를 돌보지 못하는 미안함이 극에 달합니다. 집에 혼자 있어서 안타깝긴 하지만, 그래도 학교에서 불편하게 있는 것보다는 낫지 않을까 싶어서 아이에게 물어봅니다. 아이는 졸린 눈을 비비며 대답합니다.

"학교 가기는 싫은데 목 아픈 건 많이 나았어. 학교 가야지. 이 정도 아픈 걸로 학교 이틀이나 쉬는 건 아닌 것 같아."

우리는 돌봐주지 못하는 미안함에 몇 번이나 학교를 쉬라고 권했습니다. 혼자 있는 게 싫어서 그런 거면 누나랑 같이 하루 쉬라고 했지요. 학기 초고 환절기라서 아이들이 매번 피곤해했거든요. 이 말을 들은 딸아이는 버럭 합니다.

"나 학교 안 쉬어. 왜 쉬어. 지금 시험 기간 전이라 중요한 내용 정리를 해주거든. 지금 빠지면 안 돼."

진짜 우리는 이번에도 과유불급입니다. 적당히 아플 때는 학교 가는 거라며 책가방을 챙기는 아이는 적당히 눈치가 생긴 겁니다. 자신의 사회생활인 학교에서 쉴 때와 적응할 때를 알아가는 것이지요. 두 아이가 적당한 눈치를 가진 것만으로도 다행이다 싶습니다.

과한 것은 부족함만 못하다고 했습니다. 아이들은 그렇게 넘치지 않는 선에서 제 역할과 책임을 다하고 있습니다. 나 또한 부모로서 아이들에게 선 넘지 말아야겠다고 나 자신에게 눈치를 줍니다. 먼 훗날 아이가 기억하는 엄마는 자신에게 부담을 주고 많은 것을 얻으려고만 했던 사람으로 기억하지 않았으면 합니다. 아이가 어린 시절을 생각하면 조각조각 세밀한 기억은 안 나더라도 자신을 사랑하고 존중했던 엄마의 모습을 기억한다면 참 좋겠습니다.

2장

천 번을 흔들려야
진짜 엄마가 된다

LTE급 반전녀의 귀차니즘

퇴근하고 집에 들어서는데 집안이 캄캄합니다. 겨울이 되니 6시만 되도 어두워지네요. 집안에 들어서며 열린 문 사이로 딸의 방을 쳐다봤습니다. 아이가 누워서 핸드폰을 하고 있네요. 어스름 저녁노을 사이로 핸드폰 불빛만 반짝거립니다.

"아휴 깜짝이야. 사람이 들어오면 인사를 해야지. 왜 가만히 있어. 불은 왜 안 켜고 있는 거야?"

아이는 그제야 나에게 시선을 잠깐 두더니 거북이처럼 입을 뗍니다.

"귀찮아."

아이 방 불을 켜주니 아이가 인상을 찌푸립니다.

"불 켜니까 눈 아프잖아. 괜찮은데 왜 불을 켜고 그래. 꺼!"

"너는 답답하지도 않아? 잘 안 보이잖아."

"별로."

아이는 더 이상 말을 하고 싶지 않다는 듯이 돌아눕습니다. 얼른 나가라는 신호 같습니다.

말을 섞어봤자 답답해지는 것은 오히려 내 쪽입니다. 나도 긴말할 생각은 없습니다.

"너 배 안 고파? 학교 갔다 와서 뭐 먹었어?"

아이는 묵묵부답입니다. 이어폰으로 귀를 틀어막은 모양입니다. 한번 물어봐서는 대답이 없습니다. 적어도 두세 번은 불러야 그제야 대답할까 말까입니다. 퇴근하고 배가 고팠던 나는 부랴부랴 먹을 것을 챙겨 식탁에 앉았습니다.

"엄마 저녁 먹을 건데 너도 먹을 거면 어여 와. 운동 안 갔다 왔잖아. 같이 갈래?"

아이는 아무 대답이 없습니다. 몇 번의 신경질적인 말이 오고 간후, 그제야 부스스 자리에서 일어났습니다. 아직 교복을 입은 그대로입니다.

"교복 불편하지 않아? 학교 갔다 오면 옷 갈아입지 그래."

"귀찮아. 고기 없어?"

아이는 식탁을 한번 쓱 훑어보더니 못마땅한 듯 냉장고 문을 열었습니다. 채소 위주의 밥상이 맘에 들 리가 없었지요. 우유병을 손에 들더니 컵에 따릅니다.

"밥 먹기 전에 우유 먹으면 밥 못 먹잖아. 밥부터 먹어."

"고기가 없잖아."

우유 한 잔을 따라 마시더니 유유히 소파 위에 자리를 잡습니다. 한 손에는 과자 한 봉지와 다른 한 손에는 핸드폰을 쥐고 있네요. 학교에서 준 미니 과자인 모양인데요. 학교에서 받은 건 자기 거라고 손도 못 대게 하고 혼자서 먹어 치웁니다.

"너 운동은 안가?"

"귀찮아."

언제나 대답은 한결같습니다. 내가 묻는 모든 질문에 그렇게 대답해요. 하고 싶은 것도 없는 모양입니다. 해야 할 일을 미루고 미루고 또 미룹니다. 그 꼴이 참기가 어렵습니다. 얼른 식사를 마치고 나 먼저 운동하러 갑니다. 같이 가려면 옷 갈아입는 데만 한참이거든요. 잔소리로 옷은 갈아입지만 화장실도 가야 하고 머리도 만져야 합니다. 한참을 기다려야 함께 갈 수 있어요. 가서도 사이클이 맞지 않습니다. 언제나 설렁설렁 하는 꼴입니다. 그걸 보고 있는 것보다야 혼자 가는 게 마음이 훨씬 편합니다.

운동을 다녀와서 이제 나도 쉬는 시간이에요. 씻고 누워 유유자적 핸드폰을 보고 있는데 1시간 넘게 밥을 먹던 녀석이 슬그머니 다가옵니다.

"엄마, 토요일에 애들이 영화 보러 간대. 나도 갈려고. 6시 반에 만나서 조조 보기로 했어."

"6시 반? 그 시간에 네가 일어난다고? 귀차니즘 천재께서?"

"당연하지."

이번에 대답조차 빠릅니다. 식탁으로 가더니 핸드폰을 보며 낄낄거리고 웃습니다.

미소 짓는 속도조차 LTE급이네요.

"귀찮아."

언제나 딸의 대답은 한결같습니다.

내가 묻는 모든 질문에 그렇게 대답해요.

해야 할 일은 미루고 미루고 또 미룹니다.

그 꼴이 참기가 어렵습니다.

스마트폰을 이기는 아이는 없다

아이 방에 인기척이 없습니다. 이상하다 싶어 방에 들어가 보니 자고 있습니다. 시계를 보니 오후 5시입니다. 크게 아플 때 빼고는 낮잠이란 걸 자는 아이가 아닙니다. 며칠 전에도 낮에 세 시간 잤는데 오늘도 그러네요. 그동안 웹툰 본다고 새벽에 깨어있다 이 사달이 난 것입니다. 한참 성장기이기 때문에 제발 새벽까지 깨어있지 말라고 신신당부했습니다. 그런다고 했습니다. 꼭 그리하겠다고 약속을 했었지요. 하지만 누가 말했던가요. 스마트폰을 이기는 아이는 없다고요. 아이는 그렇게 매번 스마트폰에 졌고 자는 시간은 차츰 늦어졌습니다.

"오늘은 안방에서 자. 너 낮잠 자고 밤에 늦게 잘 생각하지 마. 안방에 와서 자."

알겠다고 다짐을 했습니다. 아이의 약속을 한 번 더 믿어보자 생각하고, 먼저 잠자리에 들었습니다.

다시 새벽입니다. 설핏 잠이 깼습니다. 아마도 아이가 잠자리가 바뀌어 불편하지 않은지 걱정된 것 같습니다. 알아서 할 중학교 1학년 아이를 내 곁에서 재운 것이 못내 미안하기도 했거든요. 어린애도 아닌데 무언가에 집중하고 몰두해 보는 것은 좋은 경험이거늘. 내가 너무 과민반응인가 하는 생각에 미안한 마음이 들었습니다.

눈을 떠보니 아이가 반듯하게 누워 이불을 얼굴까지 뒤집어쓰고 자고 있습니다. 추운가 싶어 이불을 들추니 안경을 끼고 있네요. 절대 안경을 쓰고 잠드는 아이가 아닙니다. 자세도 뭔가 경직된 듯 평소와 달랐습니다. 내가 이불을 걷자 아이가 살짝 눈을 떴습니다.

"안경을 벗고 자지 왜 그래?"

아이에게 말을 걸자, 아이가 안경을 휙 집어 던졌습니다. 평소 잠자리에 들기 전 가지런히 안경을 벗어 책상 위에 두던 아이와는 사뭇 달랐지요. 이상했습니다. 이불을 더 아래로 걷어 내리자, 이불속에서 충전 중인 핸드폰이 나왔습니다.

"너 이게 뭐야? 지금 새벽 2시야. 불도 끄고 뭐 하는 거야. 엄마 속이니까 좋아?"

아이는 묵묵부답이었어요. 왜 내가 안방에서 재우고자 하는지 알았으면서 또다시 그랬습니다. 12시 넘기지 않고 자는 것 외에는 아무 잔소리도 하지 않았습니다. 몇 시간 웹툰을 봐도 아무 말도 안 했거든요. 그런데 돌아온 결과가 이것이었습니다.

"핸드폰 패턴 풀어. 이제 내가 비밀번호 걸 거야."

일단 잠을 재워야 했기에 아무 말도 하지 않았습니다. 아침이 되어서야 현타가 왔습니다. 핸드폰을 한번 잡으면 못 놓는 심정 이해는 합니다. 어른인 나조차 그러니까요. 하지만 약속하고 지키지 않는 것은 바로잡아야 합니다. 나아지려고 노력조차 하지 않는다는 것이 나를 더 화나게 했습니다.

"내가 비밀번호 바꾼 거에 불만 있어?"

아이는 고개를 저었습니다. 벌써 이런 대화를 한 게 몇 번째인지 손으로 셀 수 없을 정도였어요.

"내가 바라는 건 새벽에 깨어있지 않는 건데 그거 하나가 그렇게 어렵니? 낮에 하면 되잖아. 낮에 실컷 해도 잔소리 한 번도 안 했잖아. 노트북도 가지고 와. 노트북도 비밀번호 걸어야겠다. 지난번에 내가 핸드폰 안방에 두고 자라고 했더니 새벽에 노트북으로 웹툰 봤잖아. 더 이상은 안 돼."

아이는 소리 없이 노트북을 가지고 왔습니다. 남편은 한 번만 더 아이를 믿고 기회를 주라고 했습니다. 하지만 아이도 나도 알고 있었어요. 이미 그 기회가 차고 넘쳤다는 것을 말이죠.

슬그머니 핸드폰을 내려놓고 책을 챙겨 들며 아들이 말했습니다.

"나도 뺏겨봐서 알아. 너무 게임 많이 해서 엄마가 아예 연결 끊었잖아. 이제 안 해."

스마트폰을 이기는 아이는 없을지 모르지만, 아이에게 끊임없이 말할 것입니다.

이겨보라고요. 이겨내라고요. 그걸 이겨봐야 세상을 향해 나아갈 수 있다고 말입니다. 나조차 이겨내지 못하면서 아이에게 그 말을 했을 때 아이는 과연 그 약속을 지켜 낼 수 있을까요. 또다시 자다 일어나 아이를 의심하는 일이 생길까 봐 새벽이 두려워집니다.

내가 가진 내 감정에 솔직해져 봐야겠습니다.

누군가에게 잘 보이기 위해서 하는 얘기를 줄여봐야겠어요.

내 마음을 당당하게 표현하겠습니다.

나도 이름이 있어

"나도 이제 내 인생 살 거야. 나 지금부터 그림 그릴 거니까 건드리지 마."

나의 선전포고에 아이들과 남편이 당황합니다.

"마음대로 해. 엄마 하고 싶은 대로 해. 잠깐 옆에 가서 보는 건 괜찮지?"

너무 당당한 내 말에 아무렇지 않게 얘기하는 둘째와 별 관심도 없는 큰아이를 보면서 나 혼자 머쓱해집니다. 뭘 하든 당신 하고 싶은 대로 하라며 남편이 거듭니다. 이렇게 쉽게 내 독립선언이 진행될지 몰랐습니다. 나도 내 이름과 일이 있고, 하고 싶은 것도 많다고 야무지게 주장을 해보았는데요. 가족들은 이미 알고 있었네요. 엄마에게도 이름이 있다는 것을요. 그리고 그 이름을 마음껏 불러주고 있었네요.

어릴 때부터 그랬습니다. 아들 하나 딸 다섯. 아빠도 엄마도 귀하게 여기지 않는 딸 중에서도 막내딸. 어떻게든 칭찬 한번 받아 보겠다고 용을 썼던 것 같습니다. 일하고 돌아온 엄마가 허리가 아프다고 끙끙 앓으면 내가 먼저 엄마 허리를 주물렀습니다. 아빠 기침 소리가 나는 듯하면 뒤뜰에서 딴 약초를 갈았어요. 밤새 이슬을 맞게 한 약물을 아빠에게 주었습니다. 근거도 없는 민간요법이었지만 막내딸이 만든 쓴 물을 아빠는 꿀꺽꿀꺽 마시며 허허 웃었습니다. 그게 좋아서 아침 일찍 일어나 아빠 일을 거들면서도 미소 띤 얼굴이었지요. 막내 잘한다는 칭찬 한마디가 좋아서 내 몸보다 몇 배나 무거운 쌀 포대를 이고 지고 했습니다. 무거운 건 내가 나르겠다고 나서던 모습이 아직도 눈에 선합니다. 칭찬받기 위해서 어른들 앞에서 노래하고 춤을 추었지요. 그때부터 나보다 남이 더 중요하다고 생각했던 것 같습니다.

"너 혹시 아빠가 없어?"

고등학교 때 친구가 조심스럽게 물었습니다. 멀쩡하게 살아계신 아빠가 없느냐는 말에 나는 깜짝 놀랐습니다. 친구를 의아한 얼굴로 바라보니 아이가 멋쩍게 웃었습니다.

"하도 아빠 얘기를 안 하길래. 네 이야기를 안 해서 궁금해서 물어봤어."

그랬습니다. 친구들 이야기는 성심성의껏 들어줬지만 나는 내 이야기를 할 줄은 몰랐습니다. 내가 주인공이 되어 이야기하면 남에게 민폐를 준다고 생각했지요. 남의 시간을 뺏는 거라고만 여겼습니다. 아무도 내 이야기를 성심껏 들어준 적이 없었거든요. 엄마는 까다로운 언니 이야기는 들어줬지만 조용하고 성실한 나에게까지 정성을 들일 여력은 없었습니다. 어려서부터 힘든 일이 있어도 아무에게도 말하지 않았습니다. 그렇게 꾹꾹 누르고 나 혼자 모두 고통을 이겨냈지요. 한참 시간이 지난후 친구에게 말했습니다. 그때 참 힘들었노라고요. 가까이 지내던 친구들은 그때 말하지 그랬느냐며 토닥여주었습니다. 그러나 이미 그 고통을 이겨낸 나는 오히려 담담함 그 자체였지요. 그저 등을 토닥여주는 친구에게 뭐라고 고맙다는 말을 해야 할지 몰라 어색하기만 했습니다. 내가 느끼는 감정보다 타인의 생각에 모든 것을 맞추는 것이 편했던 사람. 그게 나였습니다.

"엄마, 요즘에 뭐가 힘들어? 얼굴 표정이 안 좋은데 얘기해 봐."

퇴근한 나를 붙잡고 아이가 묻습니다. 화들짝 놀랐지요. 아무렇지도 않았거든요. 밖에서 에너지를 다 써서 피곤했던 것뿐입니다. 출근해서는 방긋방긋 웃고 그렇게 밝을 수가 없습니다만 집에 오면 녹초입니다. 아이가 그걸 알아채고 다가옵니다. 다리라도 주물러 주냐며 여리디여린 손을 내밉니다. 괜찮다고 말해보지만 못내 걱정스러운 얼굴입니다. 엄마 힘든 것 아니냐며 걱정이 대단합니다. 그 마음이 너무 고마워 아이를 꼭 안아주었습니다. 함께 침대에 누워 이야기를 시작했지요.

"엄마는 어려서부터 누가 내 이야기를 들어주지 않았어. 할머니 할아버지는 늘 바빴거든. 조용하고 얌전히 있는 게 엄마 아빠를 도와주는 거라고 생각했지. 그래서 내 얘기를 하는 게 어색해. 내 이야기를 하면 상대방이 싫어할 것 같은 생각이 들거든. 어색해서 내가 느끼는 걸 말 못

하겠어."

나의 담담한 고백에 아이가 동글동글 맑은 눈망울로 바라봅니다. 아들 녀석이 진심으로 이야기에 귀를 기울이고 있었습니다.

"내가 있잖아. 나한테 얘기해. 나는 엄마 얘기가 궁금해."

아이는 똘망똘망한 얼굴로 나를 바라보며 웃습니다. 하지만 딱히 하고 싶은 말이 없습니다. 뭐라고 해야 할지도 모르겠고요. 이것도 연습이 필요한 모양입니다. 고맙지만 오늘은 별로 할 말이 없다며 아이 이야기를 물었습니다. 아이는 그때부터 재잘재잘 학교에서 있었던 이야기들을 풀어놓습니다. 함께 낄낄거리면서 즐겁게 웃습니다. 자기 이야기를 엄마에게 할 줄 아는 아이가 신기합니다. 그 모습이 감사하고 마음이 따뜻해집니다.

늦게 낳은 아이들이라 모든 것을 아이 키우는데 쏟아부었습니다. 휴직하고 둘째가 네 살 때까지 아이만 키웠습니다. 서른까지 실컷 놀았기 때문에 더 놀고 싶은 마음도 없었습니다. 그저 아이들 보는 게 좋았거든요. 출근하다가 집에만 있으면 답답하다는 엄마들이 이해되지 않았습니다. 아이와 지내는 하루하루가 너무 빠르게 흘러갔거든요. 피곤함보다는 아이를 키우는 즐거움이 좋았습니다. 아이가 재잘대는 것을 보면 내 속쓰림도, 손목 통증도, 허리 아픈 것도 모두 잊히는 것 같았어요. 하지만 그 행복도 오래 가진 못했습니다.

"엄마 내가 알아서 할게. 이래라저래라하지 마."

첫 아이가 사춘기에 접어들면서 아이와 자꾸 부딪혔습니다. 아이는 간섭하지 말라며 뾰족하게 굴었습니다. 여전히 나는 나 자신보다 아이가 먼저였습니다. 그런 태도가 아이를 답답하게 만들었나 봅니다. 아이는 자기를 가만히 두라고 하더군요. 나는 그 말이 못내 속상했습니다. '내가 너를 어떻게 키웠는데'라는 정도까지의 충격은 아니어도 소중한 존재가 뚝 떨어져 나가는 것 같은 기분이 들었지요. 아이에게 의존하고 아이를 옥죄이기 전에 독립을 해야겠다고 생각했습니다. 아이는 어차피 자신의 인생을 살아갈 테니까요. 남에게만 맞추는 인생을 버리고 내 감정에 솔직해지자고 다짐했습니다.

오늘은 학교 중간고사 날입니다. 3~4월에 충분히 애쓴 나를 위해서 기꺼이 조퇴를 신청했지요. 오늘은 나를 위해서 시간을 써보려 합니다. 가장 멋진 곳에 나를 데려다줄 거예요. 거기서 충분히 애썼다고 잘하고 있다고 토닥여 줄 겁니다. 뭐를 하는 게 좋을까? 어디를 가야 할까? 고민을 하다가 일단은 집 근처로 가기로 했습니다. 아는 곳이 편안하니까요. 평일에 번화가에 가서 쇼핑하자니 피곤한 마음이 먼저 들었습니다. 자연 속으로 가서 힐링하는 시간을 가져야겠다 싶었지요. 집 옆 숲에 가서 가만히 멍때리고 앉아있을 겁니다. 새소리 듣고 초록이들을 보면 그것만 한 호사가 없으니까요.

지하철에서 내려 걷기 시작했습니다. 오늘은 급하게 집에 달려가지 않아도 되는 여유로운 날이니까요. 가다가 동네 작은 쇼핑샵에 들렀습니다. 기분 전환도 할 겸 나를 위한 선물을 하나 사려고 매장에 들어서니 온갖 물건이 유혹합니다. 오늘은 흰 바지가 땡기네요. 시원한 여름 느낌 내기에 딱이니까요. 치수가 맞는지 재보는데 바지 사이에 작은 먼지가 보입니다.

'그래 옷도 많은데 굳이 뭐 하러 옷을 또 사. 살 빼고 사자.'

슬그머니 내려놓고 매장을 쭉 돌아봅니다. 저쪽에 반짝반짝 빛나는 동전모양이 보입니다. 뭔가 싶어 다가가 보니 동전 초콜릿입니다. 아이가 초등학교 때 선생님께 받아서 아껴먹던 기억이 납니다. 몸에 안 좋을 텐데 하는 걱정이 들면서도 아이가 방긋 웃는 모습을 생각하니, 그 모습을 한번 보고 싶습니다. 야호 하며 신나게 웃는 모습을 보면 내 하루의 피곤도 날아갈 것 같으니까요. 그것만으로도 내겐 충분한 선물이란 생각에 동전 초콜릿을 얼른 계산하고 나왔습니다. 집으로 향하는 발걸음이 빨라집니다.

낯설지 않은 타인

새로운 센터에 운동하러 갔습니다. 낯선 풍경에 어려운 동작이지만 헬스 기구에 앉아 사람들 구경하는 재미가 쏠쏠합니다. 한 사람이 들어섭니다. 저 사람은 내 조카를 닮았습니다. 괜히 주는 것도 없는데 정이 갑니다. 다른 회원은 예전에 함께 근무했던 직장동료를 닮았네요. 그때 그 사람 참 따뜻했는데 저 사람은 어떨까? 궁금해집니다. 한 회원이 딱 붙은 크롭티를 입고 나타났습니다. 볼록 나온 배가 내 배 못지않은데요. 엄청 예쁜 척을 합니다. 코치님이 다가갈 때마다 지르는 신음소리가 민망합니다. 우리 아이 어렸을 때 알던 옆집 엄마가 생각나, '역시 저런 이미지의 사람은 별로야'라며 처음 본 사이인데 선입견을 가지고 바라봅니다.

세상에 똑같은 사람은 없다고들 합니다. 하지만 이상하게 이미지가 비슷한 사람들이 종종 있습니다. 거의 흡사해 보여요. 흔히 누군가를 보고 연예인 닮았다고 말하는 것이 이와 같은 이유지요. 외적으로 보이는 이미지로 사람을 판단한다는 게 우습지만, 어쩔 수 없이 외모가 먼저 눈에 들어오니까요. 스스로 선입견을 만들어 사람을 재단합니다. 나이가 들어서일까요? 저런 유형의 사람은 저래 하면서 혼자 야단입니다. 사귀어보지도 않고 말이지요. 그야말로 선을 넘습니다.

한편으로 궁금해집니다. 그들에게 나는 어떤 이미지로 기억될까? 되도록이면 우아하고 부드럽고 따뜻하고 성격 좋은 사람으로 보였으면 좋겠지만 쉽지 않을 겁니다. 사람마다 다르겠지요. 욕심낸다고 내 이미지가 바뀌는 건 아니니까요. 누군가는 선한 이미지로, 누군가는 악한 이미지로 나를 떠올리겠지요.

모르는 사람들에게조차 착해 보이고 싶었던 나의 모습을 거울로 바라봅니다. 타인이 나를 어떻게 보는가를 왜 그리 신경 쓰면서 살았을까요? 내 본체와 상관없이 그저 그 사람의 경험에 따라 나를 판단해버렸을 텐데요. 선을 넘고 나와 전혀 상관없는 이미지로 나를 재단하고 있겠지요. 이유 없이 결정되는 타인의 선입견조차 내 마음에 들게 조정하고 싶었는지도 모르겠습니다.

문득 '내 아이에게 나는 어떤 이미지로 기억될까?'라고 생각해보았습니다. 순간 뜨끔했습니다. 엄마 하면 떠오르는 이미지가 그야말로 우아하고 부드럽고 따뜻하고 성격 좋은 사람이었으면 좋겠습니다. 그런 엄마가 되어주면 당연히 강요하지 않아도 아이는 엄마를 그렇게 기억해 줄 겁니다. 걱정하지 않더라도 아이 마음에 엄마 하면 떠오르는 선한 이미지가 생길 테니까요.

　먼 훗날 아이 마음에 엄마의 따뜻한 느낌 하나 남겨주고 가면 성공한 엄마 아닐까 싶습니다. 거울 속 나를 바라보며 다시 한번 다짐합니다. 오늘 타인에게 비치는 나의 모습에 연연하느라 아이 마음을 헤치지 않겠다고 말입니다. 아이에게 따뜻한 엄마의 마음 한 줌 나눠주고 싶은 그런 날입니다.

'내 아이에게 엄마는 어떤 이미지로 기억될까?'

눈가 뜨끈했습니다

부모님의 시간은 거꾸로 흐른다

영화 중에 〈벤저민 버튼의 시간은 거꾸로 흐른다〉가 있습니다. 그 제목이 떠오르는 공간이 있습니다. 바로 부모님 댁입니다. 양가 부모님 모두 팔순이 넘은 분들이라 더욱 그런지도 모르겠어요. 남편 집 벽에는 사진이 가득 있습니다. 어릴 때 사진은 별로 많지 않고 남편 대학 때 사진, 형제들 결혼사진, 손자 손녀들 사진이 빼곡합니다. 틈만 나면 그 사진들을 하나하나 들여다보며 보고 싶은 마음을 달래나 봅니다. 사진 사이사이 낡은 물건을 보며 남편이 궁시렁거립니다.

"이건 내가 첫 직장에서 해외여행 갔을 때 사 온 거잖아. 이 먼지 좀 봐. 몇십 년이 지난 건데 왜 안 버리고 있어. 하여간 이 집은 변화가 없어. 멈춰있는 집 같아. 저기 저 메모지 봐. 저거 내가 두 번째 직장에서 갖고 온 거야. 족히 20년은 됐겠다. 물건을 버리지를 않아요. 진짜 좀 버려요."

시댁에 가면 남편이 툴툴거리는 게 그겁니다. 새로운 물건을 사다 줘도 예전에 있던 물건을 버리지를 않으니까요. 물건은 점점 쌓여갑니다. 물건이 주인인지, 할아버지 할머니가 주인인지 알 수가 없습니다. 고무줄 하나 허투루 버리지 않습니다. 시댁에 가면 누가 알려주지 않아도 남편의 어린 날을 알 수 있습니다. 어릴 때도 이 집에서 이 가구들을 쓰며 투덜거렸을 테지요. 칙칙하고 오래된 공기가 싫어선지 남편은 부모님 댁에 잘 가지 않으려 합니다. 부모님도 깨끗하고 깔끔한 곳에서 살게 해 드리고 싶은데 마음대로 안 되니까요. 어느 추억 하나 버릴 게 없어서 꼬옥 쥐고 있는 부모님 댁의 물건들이 남편에게는 무거운 짐인가 봐요. 그럼에도 어머님 아버님은 그걸 놓아버릴 생각이 없어 보입니다. 그걸 놓아버리면 아이들과 함께했던 자신들의 젊음도 날아가 버릴까 봐 그러신 걸까요. 아직 그 나이가 되어보지도 않았고 아끼고 아껴야 그나마 살아냈던 시절을 겪어보지도 못한 남편은 그 마음을 모르겠지요.

사정은 우리 집도 만만치 않습니다. 어릴 때 어디 행복하기만 한 집이 있었을까요. 때로는 가족이 깨질지도 모른다는 두려움 속에서 이불을 꼭 쥐고 엄마 아빠의 싸움과 거친 말들을 이겨내던 시절이 있었습니다. 내가 죽으면 이 고통이 끝날까 싶어 버스에 뛰어들까 생각하던 어린 날들이 고스란히 집 안 구석구석 남아있습니다. 이 구석을 건드리면 어릴 때 두려웠던 아빠의 화내는 커다란 눈이, 여기를 열어보면 엄마의 고통과 통증이, 한쪽 구석에는 내 마음의 떨림이 숨어있는 것 같아요. 아무 곳이나 쉽게 건드리지를 못합니다. 그래서일까요. 친정에 가면 편안해져야 할 마음에 가시가 돋습니다. 결혼해서 살아보니 가정의 평화가 그리 어려운 것도 아니었거든요. 서로의 자존심을 조금 죽이면 되는 거였는데 그렇게 지지 않으려고 싸우던 부모님이 이해되지 않았습니다. 서로 알아주고 대우해 주길 원했지만 그건 불가능한 일이었습니다. 뻔히 먼저 내 몸을 낮춰야 하는 일인 줄 알면서도 누구 하나 양보하려고 하지 않았습니다. 엄마가 조금만 부드럽게 아빠를 인정해줬어도 아빠가 조금만 덜 엄마를 무시했어도 평화로웠을 텐데요. 그 한 발을 내딛지 못한 부모님의 모습이 못내 속상했습니다. 그때의 날 선 감정들이 날카롭게 나를 찔러 어느 곳 하나 편안하지 않습니다. 문제는 아직 내 안에 남아있는 응어리가 풀리지도 않았는데, 그 싸움이 끝나지 않았다는 것입니다.

"이걸 여기 두면 어떻게 해. 눈이 안 보여?"

일거리만 보면 화를 내는 아빠가 소리를 지릅니다. 다리가 아파 운신을 잘 못하는 엄마는 또 잔소리 시작이다 싶어 얼굴이 일그러집니다.

"본인이 치우면 되겠구만. 꼭 잔소리를 해야 돼?"

싸움이 시작되었습니다. 오랜만에 아이들과 남편과 어려운 발걸음을 한 건데요. 순간 어릴 때부터 쌓였던 기억들이 하나하나 살아납니다. 친정의 물건들이 그 기억을 소환해 나를 옥죄는 기분이 듭니다.

'잘 못 왔구나. 오지 말았어야 했는데.'

순간 나 또한 얼굴이 일그러집니다. 아들이 내 눈치를 살핍니다.

"엄마 표정이 왜 그래. 괜찮아?"

할아버지와 할머니의 말다툼을 목격한 아들은 불안한 마음에 나에게 달려듭니다. 하지만 엄마의 얼굴조차 어두워보이니 걱정되는 모양입니다.

"괜찮아. 할아버지 할머니 목소리가 너무 크지. 싸우는 거 아니야. 원래 말투가 저래. 걱정 안 해도 돼."

걱정 안 해도 된다고 했지만 정작 걱정되는 것은 아들이 아니었습니다. 내 마음이었지요. 어릴 때 기억이 하나둘 살아나며 세포 하나하나에 스며있는 두려움이 다시 깨어났습니다. 그저 집으로 돌아가고 싶다는 생각만 들었습니다. 하지만 엄마 아빠의 말다툼은 쉽게 끝나지 않았습니다. 대접받고 싶은 마음과 그동안의 고생이 겹쳐 큰 설움 덩어리로 커져버린 서로의 원망은 갈퀴가 되어 상대방을 날카롭게 내려치고 있었습니다.

"그만 좀 해. 어릴 때부터 아주 지긋지긋해 죽겠어. 싸울 만큼 싸웠으면 됐잖아. 서로 조금만 양보하고 예쁘게 말하면 될 것을 왜 아직도 이래. 그만할 때도 된 거 아냐. 이제 둘뿐인데 위해 주면서 살아. 그만 좀 싸우고. 아주 지긋지긋해. 어릴 때도 그러더니 아직도 그러면 누가 여길 오고 싶어 해."

순간 나도 모르게 안에 있던 말들이 쏟아져 나왔습니다. 그동안 참고 참았던 말이었습니다. 목소리는 부르르 떨렸지만 속이 다 후련했습니다. 40년 넘게 마음에서 되씹고 되씹던 말들이었으니까요. 순간 집안에는 정적이 흘렀습니다. 엄마 아빠는 슬쩍 내 눈치를 보더니 싸움을 멈췄습니다. 처음으로 뱉어낸 내 마음이 오래된 물건들 하나하나와 공명을 이루어 엄마 아빠 마음을 때렸던 걸까요. 두 분은 더 이상 아무 말도 하지 않았습니다. 집안에는 저녁밥을 준비하는 나의 칼질 소리만이 정적을 가득 메웠습니다.

"엄마가 하도 심심하니까 너네랑 살고 싶다더니만. 애들 오니까 좋아?"

저녁 시간. 한층 부드러워진 공기 속에서 아빠가 엄마를 보며 물었습니다.

"외롭고 쓸쓸한데 막내 오니까 좋지. 사람 사는 거 같네. 내 새끼들이랑 같이 지내면 좋지. 애들 다 와서 있으면 안 외롭잖아."

노년은 외로움과 질병, 돈과의 지리한 싸움이라고 했던가요. 우리 부모님 또한 자주 오지 않는 자식의 전화만 기다리며 하루를 보냅니다. 핸드폰만 하염없이 쳐다보다 자식들 전화를 눌러보지만 모두들 바쁘다고 금세 전화를 끊어버리지요. 엄마 아빠는 그 자리에서 자식들이 다시 전화를 걸어주기를 기다리지만 아무에게도 전화는 다시 오지 않습니다. 부모님의 시간을 거꾸로 흘러 젊은 세월을 따라가지만, 응어리진 자식들의 마음은 선뜻 전화기를 누를 수 없습니다. 부모님 댁의 오래되고, 교체되지 않는 물건 속 한땀 한땀의 추억이 때로는 자식에게는 상처를 다시 떠올리는 도구가 될 수 있기 때문입니다. 부모님에게는 이제 다 지나간 아이들과의 아름다운 추억이 켜켜이 쌓인 사진첩이지만, 어릴 적 두렵기만 했던 자식에게는 쉽게 펼쳐 볼 수 없는 한 장이 될 수도 있지요. 그럼에도 사랑한다는 이유로 기꺼이 그 한 장을 펼쳐보려고 애쓰고 있다는 걸 알아주면 좋겠어요. 그러면 부모님도 젊은 시절 나를 윽박지르던 모습만 보여 미안하다고 하겠지요. 사랑한다며 내 손을 꼬옥 잡아줄 수 있을 텐데 말이죠. 그러면 가야 하는 줄 알면서도 가기 두려워지는 아픈 추억도 조금씩 사라지겠지요.

백번 천번 틀리는 게 아이들이야

비가 주룩주룩 내리는 날입니다. 이런 날은 남편 기분을 잘 살펴야 합니다. 늘 평온한 사람이지만 비 오는 날이면 감상에 젖거든요. 그런 날은 아이들을 붙잡고 얘기가 길어집니다. 아이들이 지루해하든 말든 아주 길게 이야기하지요. 아이들이 눈치를 주는데도 알아채지 못합니다. 오늘도 그럴 가능성이 있는 날이에요. 그런 날은 내가 눈치껏 커트를 해줘야 합니다. 오늘은 가족 단체톡방에 하소연부터 시작하네요.

"아빠가 나에게 그리고 우리 가족에게 꼭 하고 싶은 말이 있어요. 나도 못 했지만 후회가 많아서 말이에요. 실망할까 두려워 도전하지 않다 보면 정작 반드시 성공해야 할 때 실패하게 된다고 생각해요. 원할 때 성공하고 싶다면 평소에 자주 도전해요. 실패하는 경험을 가지는 게 필요해요. 마치 은행에 적금을 드는 것처럼 말이죠. 적금해 둔 실패가 큰 역할을 해줄 거예요."

이야기는 문자로만 끝나지 않습니다. 저녁 시간 긴 잔소리로 이어집니다.

남편은 아이들에게 많은 것을 주고 싶어 했어요. 본인은 왜 공부해야 하는지 이유도 모른 채 공부를 강요당했답니다. '도대체 왜 공부해야 하지?'라는 의문을 가졌을 때 부모님이 아무 설명도 해주지 않았답니다. 덮어놓고, 이유도 알려주지 않은 채 공부만 하라고 했답니다. 만일 그때 자신이 분명한 이유를 알았더라면 자신의 삶은 지금과 달라졌을 거라고 늘 말하지요. 남편이 훗날 스스로 이유를 찾아내고 의사가 되고 싶다고 말했을 때 부모님은 더 이상 지원할 수 없다고 해서, 그게 한이 되었답니다. 하고 싶은 것을 어렵게 찾았는데 부모님에 의해서 그 꿈은 꺾이고 말았으니까요. 다시 젊은 날로 돌아간다면 생명을 살려내는 고귀한 일을 하고 싶다고 하네요. 그러면서 아이들에게도 인생의 이유를 찾으라고 잔소리 아닌 잔소리를 늘어놓습니다.

물론 아이들은 몇 번씩이나 날씨가 우중충한 날이면 반복되는 이 말이 달가울 리가 없습니다. 그것보다 아이들이 바라는 것은 아빠가 화내지 않고 말하는 것입니다. 좋게 말했다가 결국 너는 그래서 안 된다며 화로 끝나는 것이 못내 싫었던 건데, 남편은 몰랐습니다. 자신이 그토록 어릴 때 증오했던 화내는 아버지의 모습이 자신에게도 고스란히 이어졌다는 것을요.

"화내지 말고 알려줘야지. 아이들이잖아. 백번 천번 틀리는 게 아이들이야. 좋은 취지로 시작하면 뭐 해. 결국 화내고 윽박지르면서 끝내잖아.

아버님처럼 살기 싫다며. 아버님과 다를 게 뭐야."

　아무리 구슬려 봐도 소용없습니다. 나마저 화를 내봐도 의미 없어요. 사람은 부모의 그늘아래 자라고 그늘의 모양대로 자라납니다. 아이들이 아빠의 궂은날 잔소리를 피하는 이유입니다.

　"그러지 않으려고 하는데 잘 안돼. 나도 받아봤어야지. 어떻게 하는지 배우지 못한 걸 내가 알아서 하려니 안돼."

　오늘도 끝내 아빠의 메시지는 아이들에게 닿지 않았습니다. 남편은 고개를 숙인 채 자신을 책망합니다. 진심은 좋은 것만 주고 싶은 마음이지만, 마음속에 가득 찬 것이 미움이고, 화고, 남 탓이면 아이들에게 과연 무엇을 줄 수 있을까요. 결국 아름답게 시작되었던 남편의 잔소리는 오늘도 흐린 끝맺음을 하고 말았습니다. 이슬비가 주룩주룩 내리는 날 창밖도, 창 안쪽도 촉촉이 젖어 들었습니다.

우리 집 비주얼 센터

'띠띠띠띠띠'

비밀번호를 누르고 현관문을 열었습니다. 이상하네요. 온 집안에 불빛이 환해요. 아이들이 모두 운동하러 갈 시간이었거든요. 순간 긴장했습니다. 살금살금 발끝을 들고 걸었지요. 한발 한발 살며시 들어놓았습니다. 가슴이 콩닥콩닥했어요.

그때 화장실 문 열리는 소리가 났습니다. 숨을 죽인 채 제자리에 멈춰 섰지요.

"엄마 왔어?"

순간 다리가 풀려 주저앉을 뻔했습니다. 도둑이라도 든 줄 알았는데 딸아이였습니다.

"뭐야, 너 운동 안 갔어? 벌써 6시 다 되었는데 왜 니가 거기서 나와."

아이는 한 손에 검은색 티셔츠 다른 한 손에는 하얀색 티셔츠를 들고 있었습니다.

"뭐가 나을까?"

순간의 안도감을 넘어서자 이제야 어처구니가 없는 상황이 눈에 들어옵니다.

"또 시작이니? 몇 시야 지금. 어여 입어봐. 시간 없다. 얼른 서둘러."

아이는 한참 동안 검은색 옷을 입었다 하얀색 티셔츠를 입었다 야단법석입니다.

갈아입을 때마다 머리도 빗고 옷매무새를 만지작거리네요. 검은색이 어울린다고 백번을 말해도 소용없습니다. 그저 거울 앞에서 머리를 갸우뚱거릴 뿐이에요.

"운동하러 가는 길에 누구 만나니? 운동가면 남친 있어? 누가 널 본다고 그러는 거야 도대체."

연신 시계만 들여다보았습니다. 일주일에 꼴랑 세 번 가는 운동입니다. 다녀와서 저녁도 먹고 스터디카페도 가야 하거든요. 벌써 한 시간은 미뤄졌으니, 오늘도 일찍 운동하고 일과를 마무리하긴 힘들 것 같아 마음이 급해지는 건 나뿐입니다.

"남의 눈이 중요한 게 아니야."

한참 동안 몸을 이리저리 돌려보던 아이는 내 성화에 마지못해 하얀색 티셔츠를 선택해 입습니다. 이번에 어울리는 신발을 찾기 위해 신발장 문 앞에서 가만히 서 있습니다.

"셋 샐 동안 나가라. 벌써 1시간 지났다."

이를 꽉 앙다문 채 힘주어 말했습니다.

"알았어. 빨리빨리 정말 싫어."

아이 또한 입을 앙다문 채 조그맣게 속삭입니다.

"셋, 둘, 하나."

셋을 다 새고 나서도 한참이 지나서야 아이는 신던 운동화를 다시 신고 현관문을 나섭니다.

아이가 운동하는 동안 저녁을 해두어야 합니다. 바쁘게 옷을 갈아입습니다. 냉장고에서 이것저것 꺼냅니다. 재료가 마땅치 않네요. 요즘 야채값은 또 왜 이리 비싼 건지 장보기도 무서워요. 차라리 시켜 먹는 게 낫겠다 싶습니다. 배달앱을 뒤적이다가 아이가 좋아하는 떡볶이를 하나 주문하고 그대로 자리에 누웠습니다.

'아 편하다.'

'띠띠띠띠띠'

깜빡 잠이 들었나 봅니다. 현관 비밀번호를 누르는 소리에 소스라치게 놀라 눈을 떴습니다.

"벌써 왔니?"

땀이 흥건한 채 아이가 돌아왔습니다.

"그러게 저렇게 금세 땀범벅이 될걸. 뭘 그렇게 오래 고르고 입고 벗고, 야단일까."

아이는 떡볶이가 배달되고 나서도 한참 동안 화장실에서 나오지 않았습니다. 도대체 어디를 어떻게 씻으면 저렇게 시간이 걸릴까 늘 궁금해요. 이미 아빠도 동생도 모두 돌아와 식탁 앞에 앉았습니다. 밥 먹자는 말을 열 번도 넘게 했지만 아이는 묵묵부답이었습니다. 그렇게 한참을 기다렸습니다. 가족이 모두 자리를 비운 식탁에는 딱딱하게 식은 떡볶이만 덩그러니 남았습니다.

"엄마 이거 어때?"

아이가 화장실에서 옷을 갈아입고 나왔습니다. 새로 산 청바지와 티셔츠였어요. 한 손에는 다른 티셔츠가 한 개 더 들려져 있었습니다.

"어떤 게 나아?"

나는 아이를 뚫어지게 쳐다봤어요.

"우리 집 비주얼 센터님!!! 옷이고 뭐고 모르겠고요. 저녁이나 드세요. 제~~~발"

벌써 8시가 한참 넘었습니다. 오늘도 스터디 카페는 패스인가 봅니다.

그래, 네가 좋다니 되었다

"엄마 나 오늘 운동 가? 말아?"

아이가 갑작스레 톡을 보냈습니다. 안 그래도 움직이기 싫어하는 아이였기에 주 5일 운동인데 3일만 가기로 합의를 했습니다. 오늘은 운동 가는 날인데 갑작스러운 아이의 연락에 또 시작이구나 싶었지요.

"왜?"

문자에 뚱한 기분을 담아 짧게 대답했습니다.

"4교시부터 계속 배가 아팠거든. 보건실 가서 약 먹었는데 몸이 이상하더라. 나른하고 마취한 것처럼 어지러웠어. 집에 와서 원적외선 쬐니까 조금 나아지긴 했거든. 지금 괜찮긴 한데 운동 가도 되나 싶어서."

아이가 아팠었다는데 운동가라고 밀어붙일 수도 없는 노릇입니다.

"쉬어. 아프잖아."

아이는 알았다는 안도의 메시지를 보냈습니다. 오늘도 역시 운동은 날아갔다 싶었지요. 집으로 돌아와 보니 딸아이가 없었습니다. 순간 오랜만에 말도 안 하고 스터디 카페에 간 걸까 기대했습니다. 역시 내 딸이라는 자부심이 드는 순간, 책상 위에 있던 자전거 헬멧이 보이지 않더군요. 그제야 사라진 자전거가 눈에 들어왔습니다. 스터디 카페는 무슨, 꿈이 야무졌지요. 아이는 친구와 자전거를 타고 나갔습니다. 전화해 보니 자전거를 타고 1시간 정도 갔다고 하더라고요. 다리가 아파서 밥을 먹고 번화가 구경을 하고 오겠노라고 했습니다. 배가 아파 운동도 못 하는 애가 맞나 싶었습니다. 친구 관계에 소극적인 아이였습니다. 평소 친구와 연락도 잘 안 하는데 같이 놀러 나간 게 그나마 다행이라고 생각했습니다. 숨을 가다듬고 마음을 진정시켰습니다. 이렇게 된 바에야 나는 운동을 하러 가야겠습니다. 아이도 저녁까지 먹고 올 기세니까요. 신나게 운동을 마치고 나오는데 깜짝 놀랐습니다. 비가 억수로 쏟아지고 있었어요. 소나기였습니다. 무섭게 떨어지는 빗방울을 보며 아뿔싸. 자전거를 타고 나간 딸아이가 떠올랐습니다.

부랴부랴 전화해 보니 아이는 비가 오는 줄도 모릅니다. 지하상가에서 옷을 구경하느라 한참 서성인 모양입니다. 8시가 다 되어 가는 시간인데 이제야 저녁을 먹으러 간다고 했습니다.

"너 자전거는 어떻게 하게?"

아이는 잠시 망설였습니다. 혼자서 자전거를 타고 나가본 적이 없는 아이였거든요. 자전거 잠금을 잘 채웠냐는 물음에 아무 말이 없었습니다.

"자전거 락을 두고 왔나 봐. 자전거 보관대에 그냥 놔둔 자전거 많아서 나도 그냥 두고 왔어."

우리나라 사람들이 고가의 스마트폰을 두고 가도 손도 안 대는 민족이라고 해도 이건 달랐습니다. 바퀴 달린 것에는 또 진심이거든요. 자전거 락을 안 걸었다는 건 '새 자전거를 가져가세요.' 하는 거나 마찬가지라는 걸 아이는 알 리가 없었지요.

"어서 자전거 락 걸어. 비가 엄청 오는데 어떻게 오려고 그래?"

아이는 비가 온다는 말에 화들짝 놀랐습니다. 하지만 마음이 급한 쪽은 오히려 나였습니다.

"돈까스 먹고 가야지. 지금 갈 순 없어. 나가봐서 지하철을 타고 갈지, 내일 다시 와서 가지고 갈지 생각해 볼게."

한참을 아이는 전화를 받지 않았습니다. 출구가 여러 곳인데 도대체 길치인 아이가 제대로 자전거를 찾았는지 걱정이 되었습니다. 자전거가 없어진 건지 아니면 아이에게 큰일이 생긴 건 아닌지, 1분 1초가 너무나 길게 느껴졌습니다. 아이와 전화 통화한 지 30분, 40분, 시간은 굼벵이처럼 느리게 지나가고 있었습니다.

"삐삐삐삐"

현관문 비밀번호 열리는 소리가 들렸습니다. 아이가 드디어 나타났어요. 도대체 어떻게 된 거냐며 화를 내려는 순간 보았습니다. 두꺼운 패딩 위에 비닐을 둘러쓴 아이가 환하게 웃고 있는 것을요. 세상을 다 가진 듯한 행복한 함박웃음이었습니다.

"오다가 편의점에 들렀는데 아줌마가 비 맞아서 춥겠다며 비닐을 줬어. 오는데 아저씨들이 박수쳐 주면서 학생들 파이팅하는데 창피했어. 이거 봐. 옷이랑 머리에서 물이 뚝뚝 떨어져. 그래도 태현이랑 같이 가서 너무 재미있었어."

옷이랑 몸이 홀딱 젖은 채로 돌아와서 아이는 환하게 웃었습니다. 아이를 위해 따뜻한 목욕물을 받으며 중얼거렸습니다.

'그래, 네가 좋다니 되었다.'

난 특별한 인생을 살고 싶어

"엄마, 인생이 뭐라고 생각해? 인생에서 가장 중요한 게 뭘까?"

시계를 보니 12시 반이 다 되어갑니다. 이 시간이면 꼭 그럽니다. 아이는 밤 12시가 되면 그제야 생기를 띄기 시작하지요. 말똥말똥한 눈으로 나에게 말을 걸기 시작합니다. 나는 12시면 머리가 멍한 상태입니다. 어서 자고 싶은데 아이가 그제서야 말을 걸어오니 모른척하기도 어려워요. 겨우 졸린 눈을 부릅뜨고 아이 이야기에 관심을 기울여봅니다. 하지만 주제가 너무 어렵습니다. 새벽이 시작되는 이 시간. 인생에 대해 논하기에는 이미 하루 에너지를 다 소진한 상태니까요.

"나는 말이야. 인생에 대해서 궁금한 게 정말 많아. 그래서 얘기하고 싶은 게 진짜 많아."

아이는 호기심이 가득한 눈빛입니다.

낮 12시까지 잠에서 깨어나지 못하던 아이는 밤 12시가 되면 정신이 깨어나는 모양입니다. 그러나 피곤한 이 시간에 인생에 대해서도, 삶에 대해서도 더 이상 나누고 싶지 않습니다.

'난 12시에는 자고 싶다구.'

아이는 내 마음을 모르는지 혼자서 계속 중얼거립니다. 그 중얼거림에는 삶도, 인생도, 고민도 모두 들어있습니다.

"낮에 이야기하면 안 될까?"

나는 넌지시 아이에게 물었어요.

"낮에는 해야 할 일이 너무 많아. 공부도 하고 운동도 해야 돼. 할 일이 너무 많아서 시간이 안 난다고. 이제서야 나에게도 시간이 났는데 내 이야기를 들어줄 사람이 없어."

아이의 목소리가 아득하게 들립니다. 살짝 졸았다가 눈을 떠보니 아이는 아직도 중얼거리고 있네요.

"나는 좀 특별하게 인생을 살고 싶거든. 길에 돌아다니는 사람들처럼 흔한 직업을 갖고 싶지는 않아. 내가 어떤 일을 하는 게 좋을까? 남들보다 뭔가 잘하고 싶어. 특출나게 살고 싶어."

아이 머릿속에는 온갖 세상이 뒤죽박죽 섞여 있는 것 같습니다. 그 머릿속을 정리하고 싶은 생각은 하나도 없어 보여요. 오히려 그 복잡한 머릿속을 특별하고 자랑스럽게 여기는 것 같았습니다. 하지만 안타까운 건 그 복잡한 질문의 실타래를 어느 하나도 풀어줄 수가 없습니다. 나 역시 인생을 잘 모르니까요. 나 역시 그 복잡다단한 인생의 길 위에 서 있는 한 명의 나그네일 뿐이니까요.

아이는 간절한 바람으로 정답을 구하지만 나는 어느 것도 대답할 수 없었습니다. 그저 하루하루 살아가는 일상에서 묵묵히 할 일을 해나가는 것뿐입니다. 아이가 말하는 흔하디흔한 너무나 평범한 길거리의 한 사람과 크게 다르지 않습니다.

특별하고 대단하게 인생을 살아 나가고 싶은 꿈이 많은 아이에게 인생은 그렇게 대단하고 멋진 게 아닐 수도 있다고 말해줄 수는 없었어요. 고개만 끄덕이다 나는 아무 말도 해 주지 못했습니다.

나는 좀 특별하게 인생을 살고 싶거든

길에 돌아다니는 사람들처럼 흔한 직업을 갖고 싶지는 않아

내가 어떤 일을 하는 게 좋을까?

그렇게 심플하게 살아

    언젠가부터 아이가 핸드폰에 비밀번호를 걸기 시작했습니다. 아무 데나 놓여있던 핸드폰은 늘 아이 손에 들려있고, 자기 직전까지 곁에 두고 바라보며 미소를 짓는 것이 바로 핸드폰이었습니다. 가끔 궁금해서 들여다보곤 했던 핸드폰 속 아이의 세상을 더 이상 알 수가 없었습니다. 궁금하긴 하지만 아이의 세상이니 어쩔 수 없습니다. 엄마라고 해도 비밀이 없는 건 아니니까요. 가끔 내가 보고 싶을 때는 잠금을 해제해달라고 합니다. 아직은 위험한 상황에 놓이면 엄마가 알아야 하니까요. 그 부분을 부탁하긴 했지만 그렇게 하면 아이가 내가 보지 않았으면 하는 내용을 모두 지우겠지요. 아니나 다를까, 무심코 열려있을 법한 인터넷 열어본 페이지마저 깨끗이 지워져 있었습니다. 게임한 흔적도 지워버렸더군요. 그때부턴 크게 관심 두지 않았습니다. 비밀을 간직하고 싶은 나이라는 걸 아니까요. 어차피 비밀이라면 어떻게든 엄마에게 숨길 게 뻔했습니다. 내가 아무리 애써도 알아낼 수 없는 거라면, 보이지 않는 실랑이를 그만두는 게 아이에게도 나에게도 편합니다. 그때부터 아이의 핸드폰에 관심을 두지 않았습니다.

그런데 아이는 아직 아니었습니다. 자신의 비밀스러움을 누구에겐가 들킬세라 비밀번호 패턴으로 잠그는 것을 잊지 않았습니다. 그 패턴 때문에 문제가 생긴 건 어제입니다.

"엄마, 혹시 내 비밀번호 패턴 확인할 방법이 없나?"

아이가 긴급한 얼굴로 내게 달려왔습니다.

"네가 잠근 패턴인데 왜?"

"기억이 안 나. 손가락이 가는 데로 패턴을 걸었는데 갑자기 그게 안 되는 거야."

아이 얼굴이 빨개졌습니다.

"너무 복잡하게 해버렸구나. 그래서 엄마도 최대한 심플하게 하는 거야. 내가 잃어버리면 안 되니까."

아이는 내 잔소리를 듣는 둥 마는 둥 핸드폰 패턴 여는 법에 몰두했습니다. 내 휴대폰을 가져가 온갖 정보를 검색했지만, 서비스센터에 가져가서 초기화하는 것밖에는 방법이 없었습니다.

"내 휴대폰에 저장된 사진들이 너무 아까운데. 생각날 때까지 방법을 찾아봐야겠어."

이제 아이 핸드폰은 긴급전화만 할 수 있는 상태였어요. 그야말로 무용지물이 되고 말았지요. 너무 복잡하게 문제를 만들어 버린 아이는 그 핸드폰 속에 갇혀버리고 말았습니다.

"그렇게 심플하게 살아. 너무 복잡하게 생각할 거 없어. 꼬아버리니까 풀 수 있는 방법이 없잖아."

어쩌면 나에게 하고 싶은 말이었는지도 모르겠습니다. 아이의 붉으락 푸르락한 얼굴은 언제나 이 말을 알아들을지 아직은 잠긴 스마트폰에만 매달려있습니다. 왜 엄마가 매번 스마트폰 비밀번호를 단순하게 만드는 지 이제 알았을 겁니다. 단지 기억력 문제는 아니란 것을 말이죠.

고생을 해봐야 알겠지 싶어 비밀번호 패턴을 푸는 일도, 초기화하는 것도 아이에게 모두 맡겨 볼 생각입니다. 이리저리 궁리하다가 언젠가 알게 되겠지요. 인생을 복잡하게 사는 것이 멋있어 보일진 몰라도 때로 는 그 복잡함이 자신을 더 가둔다는 사실을 말이에요. 감추려 할수록 꼬여버린다는 것을 알면 조금은 달라질지도 모릅니다. 엄마의 그 마음 을 아는지 모르는지 여전히 핸드폰을 쥐고 패턴을 풀려고 안간힘을 쓰 고 있습니다. 자신이 너무 복잡하게 만들어서 풀 수 없는 그 패턴을 말입 니다.

엄마도 중간고사 5일 전

마을버스를 탔습니다. 분위기가 묘합니다. 고등학생으로 보이는 여학생들이 모두 자리에 앉아있습니다. 아직 등교하기엔 이른 시간이지만, 머리를 질끈 동여매고 체육복을 입은 아이들 모두 문제집을 보고 있습니다. 지나가다 쳐다보니 빼곡하게 적힌 문제집의 깨알 같은 글자만 봐도 멀미가 날 지경입니다. 하지만 아이들은 문제집에서 눈을 떼지 않습니다. 생각해 보니 고등학교 중간고사 기간입니다. 나의 고등학생 때 모습이 주마등처럼 스쳐 지나갑니다. 그때는 공부가 제일 중요한 줄 알고 살았습니다.

자리에 앉아있던 여학생이 냉큼 일어납니다. 아직 여고에 도착하려면 많이 남았기에 왜 내리나 쳐다보았지요. 다른 학교 학생이었나 봅니다. 길게 늘어트린 머리는 성성스럽게 고데기로 만 흔적이 가득합니다. 이른 아침에 부지런도 합니다. 그런데 손에 또 빗을 들고 있습니다. 치마는 미니스커트로 줄였고, 가방은 백팩이 아닌 크로스백입니다. 물건이 가득 들어있는 가방 앞쪽에는 화장품이 한가득이네요. 예쁘게 올린 속눈썹이 유난히 도드라집니다.

　머리빗과 문제집이라……. 저 아이들은 목표와 가는 길이 다르구나 하는 생각이 들었습니다. 여고 시절을 보낸 지 오래된 나로서는 문제집 보고 공부하는 고등학생도, 열심히 치장하는 여고생도 다 귀여워 보입니다. 저렇게 반짝반짝 빛나는 어여쁜 십 대들도 삶의 방향을 정하기 위해 고군분투하고 있겠지요. 그게 공부든, 미용이든 아이에게는 삶이 정말 혼란스럽고 어려울 때입니다. 그렇지만 힘들어도 자신만의 확신을 가지고 나아갈 것입니다.

　"우리 반 친구가 작년 기출문제 파일을 모두 보내줬어."

　아이가 카카오톡을 보여주며 말합니다. 얼마 전 학교에서 홈페이지에 작년 기출 문제를 올려두었다고 했거든요.

　"너도 있잖아. 너도 다운받아 둔 거 아니었어?"

　아이는 엉뚱하다는 표정을 짓습니다.

　"안 받았어. 작년 기출문제가 올해 나올 일은 없잖아?"

　순간 욱하는 생각이 들었지만 마음을 누르고 차분히 말했습니다.

　"그래도 문제가 어떻게 나올지는 봐둬야 하지 않아?"

　아이는 별 관심 없다는 듯 심드렁합니다. 핸드폰에서 눈을 떼지 않고 마지못해 대답합니다.

"친구가 보내줬잖아. 그럼 된 거지."

아이는 아무 일도 없었다는 듯 핸드폰을 들더니 뭐가 그리 웃기는지 히히덕거리며 방으로 들어갑니다.

중2 아이의 첫 시험 기간이 다가옵니다. 초등학교 때 문제집 회사에서 주최하는 수학 시험을 볼 때도 이러진 않았습니다. 기출문제에 더해 예상 문제도 풀게 했습니다. 하지만 지금은 그러고 싶지도 않고 그렇게 하지도 않습니다. 하나를 시키기 위해선 얼마나 많은 말싸움과 논리가 있어야 하는 줄 아니까요. 사춘기 아이를 키워본 친구들 말마따나 중2 첫 시험에서 자신의 위치를 확실하게 느껴봐야 자극을 받는다고 합니다. 딸아이도 이번 기회에 확실하게 느꼈으면 좋겠습니다. 아이 말처럼 자기 친구들이 열심히 공부하지 않는지 결과로 확인했으면 하는 마음입니다. 그래서 학원도 안 다니고 집에서도 핸드폰을 보는 건지, 공부를 하는 건지 구분 안 되는 행동도 멈췄으면 합니다. 하지만 정작 아이는 점수가 아무리 낮게 나와도 흔들리지 않을 것 같다고 하지만 결과를 보면 느낄 것입니다. 자신이 친구들보다 얼마나 공부를 안 하고 놀았다는 사실을요.

아이는 초등학교 때까지는 자신이 최상위권이었다고 말합니다. 초등학교에서 최상위권이 무슨 뜻일까요? 발표하기 위해서 손을 드는 횟수나 단원 평가 점수로 본인이 판단했겠지요. 그런데 중학교에 가보니 자신이 평범해졌다고 합니다. 초등학교 때는 나름 수학 학원도, 영어학원도 열심히 다녔으니 남들보다 뒤처지진 않았지만, 어느 순간 반항을 하게 된 이후, 학원을 모두 정리했습니다. 자기 의지 없이 학원만 왔다 갔다 하는 게 무슨 의미가 있느냐고 하더군요. 자기 주도도 안 되는데 자기에게 맞는 방법도 모르는 채 밀어붙여서는 안 된다고요. 어쩜 그렇게 맞는 말만 하는지 반박하기도 어려워요. 만약 억지로 학원에 다니게 했다면 얼마나 많은 원망을 할지 안 봐도 뻔합니다. 에라 모르겠다 하는 마음으로 자신이 스스로 느낄 때까지 그냥 두기로 했습니다. 몇 번의 시험을 거치고 나서 안 되겠다 싶으면 그땐 스스로 공부하지 않을까 기대하면서요. 다른 친구들은 이미 고등학교 선행을 나간다니 불안하긴 하지만, 중2까지는 지치지 않게 쉬어가도 되지 않을까란 생각도 듭니다.

아무튼 여러 가지 이유로 아이 공부에 압박을 안 한 지 2년 차. 아이는 공부에 대한 개똥철학만 늘었습니다. 실상 자신의 이론과 말빨, 논리를 뒷받침할 행동은 하나도 하지 않습니다. 분위기 좋은 스터디카페에 가야 마음이 잡혀서 시험공부를 할 수 있을 것 같다는 배부른 소리만 하네요. 다 큰 아이를 내 맘대로 할 수 없기에 그저 시험에서 죽 썼으면 하는 마음만 듭니다. 그래야 자신이 해 왔던 말들이 얼마나 공허한지 느낄 테니까요. 백번 천번 말하면 뭐 하겠어요. 한번 스스로 느껴보는 게 빠르잖아요.

아이의 지리하고 변화 없는 성장 과정을 지켜보는 것이 답답합니다. 하지만 이것이 사춘기 엄마의 사명인가 보다 싶어 허벅지를 찌르며 참고 또 참습니다. 아이가 스스로 느끼고 판단하며 나아갈 방향을 찾아나가 겠지요. 그게 빗이든 책이든 그것 또한 자신의 선택입니다. 물론 엄마로서 아이가 간절하게 공부하고 좋은 성과를 내길 바랍니다. 하지만 아이가 무엇을 선택하고 어떻게 나아갈지 기다려주는 엄마가 되어보려 합니다. 마치 돌잡이에서 아무리 돈을 눈앞에 내밀어도 실을 집던 그때처럼요. 아이 인생은 아이가 선택하고 그 방향으로 나아가도록 응원할 것입니다. 잔소리 안 하고 부모의 가치관을 강요하지 않고 든든한 응원군이 되어줄 거예요. 자신은 없지만요. 순간순간 잘 참아 보렵니다. 이 지리한 성장과 갈등의 시간을 견뎌낼 거예요. 그러면 나에게도 어느 순간 평안의 시간이 찾아오려나요.

백번 천번 말하면 뭐 하겠어요
한번 스스로 느껴보는 게 빠르잖아요

예민한 기다림

두 달 전부터 나는 식집사가 되었습니다. 이사 온 새집에는 주변에 나무 한 그루 없고 앞뒤로 아파트만 보여 너무 삭막했습니다. 매일 아침 문을 열면 새가 지저귀고 앞에는 정원이, 뒤에는 공원이 있던 전 집과는 사뭇 다른 분위기였습니다. 창밖을 바라봐도 뿌연 먼지 속 자동차와 사람만 보이는 게 답답하더군요. 그래서 식물을 들이게 되었지요. 반려동물을 키우고 싶지만 너무 손이 많이 가서 망설였습니다. 그래도 반려식물 정도는 키울 수 있지 않을까 하고 생각했습니다. 하지만 무엇 하나 쉬운게 없는 게 반려인의 생활인 줄 그때는 몰랐습니다.

매일 새로운 잎이 돋는 것을 보는 것이 식집사의 즐거움입니다. 하지만 식물이 매일 자라고 변화할 수는 없는 노릇입니다. 변화하는 새잎을 자주 보기 위해 쫓기듯이 식물을 사 모았습니다. 키우기 쉽고 순하고 삽목도 잘 되는 식물로만 고르다 보니 매번 새로운 식물을 골랐습니다. 식물이 하나하나 늘어갈수록 초록초록해지는 우리 집이 마냥 좋았어요. 처음 산 몬스테라는 이름값을 하듯이 몬스터처럼 쭉쭉 새잎을 내주었습니다. 식물 키우기 초짜였기에 몬스테라가 우리 집 몬스터처럼 자랄 것이라는 행복한 상상에 빠졌지요. 그래서 작은 포트에 담겨있던 몬스테라를 분갈이한 지 한 달도 안 되어 커다란 화분을 준비했습니다. 몬스테라를 넓은 집에서 편안하게 살게 만들어 주고 싶어 덩치에 비해 아주 큰 화분을 들였지요. 그것이 화근이었습니다. 식물 키우면서 가장 조심해야 할 것이 과습이라는 것을 몰랐으니까요.

물은 좋아하지만 과습을 싫어하는 대부분의 식물들에게 그것은 굉장한 도전이었지요. 분갈이를 하려면 1.5배 정도 되는 화분으로 옮긴 후, 1~2년이 지나 분갈이할 때 업그레이드해야 하는 거였습니다. 식물에 물이 거의 마르면 한 번에 물을 충분히 줘야하는데, 화분의 크기가 커지면 많은 물이 필요합니다. 식물의 뿌리 크기에 비해 몇 배나 많은 물을 주니 뿌리가 썩고 결국 식물이 죽게 되는 거죠. 그것도 모르고 무조건 큰 화분에 옮겨 심었던 거예요.

몬스테라를 비롯한 스무 개가 넘는 식물이 짐처럼 다가온 것은 그때부터였습니다. 매일 정성 들여 돌보던 아이가 죽는 모습을 지켜보기는 쉬운 게 아니었어요. 식물은 농부의 발소리를 듣고 큰다는 말을 믿고 너무 자주 들여다보았어요. 조금만 흙이 말라도 목말라할 거 같아 물을 주니 과습을 피하기는 어려웠죠. 분갈이한 돈나무 뿌리가 혹시 썩은 건 아닌지 하나하나 흔들어 보니 쭉 뽑히는 게 있었습니다. 아니나 다를까 지금 우리 집 식물은 과습으로 하나하나 죽어가고 있었습니다. 그때부터 내 마음은 좌불안석이 되었지요. 법정 스님의 무소유가 와 닿았습니다. 그리고 어느 하나 뿌리라도 썩는 게 있을까 봐 느리게 자라는 식물들을 째려보기 시작했지요. 분갈이한 지 두 달도 안 된 홍콩야자를 뒤집어엎었습니다. 내 눈으로 하나하나 확인하고 싶었으니까요. 홍콩야자의 뿌리는 약간 썩을 듯 말 듯 젖어있었고, 흙은 너무 촉촉했습니다. 식물 덩치보다 큰 화분의 흙이 모두 젖어있으니, 뿌리가 썩어도 이상할 게 없었지요. 식물들이 얼마나 힘들지 마음이 무거워졌습니다.

나는 늘 그랬어요. 늘 과했습니다. 새 학년에 올라가면 쓱 하고 아이들을 둘러봤습니다. 그리고 궁금증이 생기는 친구에게 곧장 들이댔지요.

"나 너랑 친하게 지내고 싶어."

그 친구는 당황한 듯 보였습니다. 시간과 경험이 무르익어야 친구가 된다는 것을 그때는 몰랐으니까요. 그렇게 들이대다가 결국 나랑은 맞지 않는 성향 때문에 친해지지 못하는 경우가 다반사였습니다. 그럼에도 새 학년이 되면 친해지고 싶은 아이들을 스캔하고 돌진하던 버릇은 한동안 계속되었습니다. 그러니 또 짝사랑은 얼마나 많이 했을까요. 상대를 제대로 알지도 못하면서 나만의 느낌으로 무작정 다가갔습니다. 때로는 내 실체를 알게 될까 두려워 계속 거리를 유지했고요. 나만의 상상을 즐기다가 짝사랑을 그만두기도 했지요.

그래서 늘 적극적으로 관계를 시작하는 나의 마음속엔 두려움이 있었습니다. 혹시라도 저 사람이 내 본모습을 알게 되면 싫어하지 않을까 하는 마음 때문에요. 그 마음을 숨기고자 늘 내가 더 적극적으로 상대에게 헌신하고 희생했던 것 같습니다. 좋은 이미지를 심어주기 위해서요. 하지만 결론은 좋지 않았지요. 그때는 참 이상하다고 생각했습니다. 내가 욕심부리는 관계는 늘 안 좋게 끝났으니까요. 왜 나는 원하는 것을 갖지 못할까 고민했던 시절이 있었습니다.

모든 것은 시간을 두고 단계를 밟아가야 한다는 것을 배운 것은 아이를 키우면서부터입니다. 아이는 내 마음대로 되는 게 하나도 없었거든요. 자연분만에 대한 두려움이 있었지만, 아이의 머리가 작아 자연분만을 권했습니다. 모유 수유는 꼭 하고 싶었지만, 가슴에 유선이 트이는 데 너무 오래 걸려 아이는 배고픔에 허덕였지요. 성격이 무던했으면 싶었지만 나를 닮아 모든 감각이 예민했습니다. 바닥에 내려만 놓아도 우는 아이 덕에 한시도 아이를 내려놓을 수 없었습니다.

아이가 성장할수록 동상이몽은 커져만 갔습니다. 친구들과 스스럼없이 어울리는 자신감 있는 아이였으면 했지만 수줍음과 부끄러움이 많았습니다. 새로운 사람 앞에서 늘 조심스러웠지요. 똑똑함을 무기 삼아 살았던 나였기에 내 아이도 똑똑할 줄 알았습니다. 하지만 육아는 내 아이의 평범함을 깨달아가는 일상이었지요. 그런 아이를 보면서 답답하고 화도 났습니다. 그렇게 아이는 자신의 기질대로 커갔습니다. 내가 할 수 있는 것은 그저 곁에서 지켜보는 게 다였지요. 자신의 크기에 맞게 하나씩 업그레이드되는 것을 알지 못한 채 마음만 급했습니다. 그 때문에 아이도 나도 상처받는 일이 많이 있었습니다. 모든 것이 과한 엄마가 아이를 힘들게 한 것입니다. 지금도 욕심부리고 다시 후회하기를 반복하면서, 아이는 내 마음대로 되지 않음을 하나하나 깨닫는 중입니다.

한동안 정체기에 빠져있는 제라늄과 아기 몬스테라를 들여다보다가 속상한 마음을 남편에게 말했습니다.

"몬스테라가 잘 안 자란다. 변화가 없어. 혹시 과습인가? 뿌리가 썩어서 그런가 뒤집어 볼까?"

남편은 조용조용히 다가가 몬스테라를 살펴보더니 아무 문제 없답니다.

"한참 웅크리고 있다가 자랄 모양이지. 기다려줘. 스스로 자랄 테니까."

이제 새 화분을 사면 절대 욕심부리지 않을 겁니다. 욕심부린다고 식물이 몬스터처럼 매일 다르게 자라는 것은 아니니까요. 그저 나는 웅크릴 때도 한껏 자랄 때도 곁에서 지켜보며 응원해주는 게 전부일 듯합니다. 자신의 힘으로 과습도 이겨내고 물마름도 견뎌내며 한 뼘 더 자라겠지요.

선택의 순간

사람이 시험에 드는 순간이 있습니다. 여유롭게 나와 출근길을 걷고 있는데, 저만치 마을버스가 보일 때면 우리는 순간의 시험에 빠집니다. 뛸까? 다음 차를 기다릴까? 아무리 여유 있게 나왔다고 해도 다음 마을버스를 기약 없이 기다릴 수는 없지요. 그땐 갑자기 지각이라도 할 것처럼 정신없이 뛰게 됩니다. 지하철도 마찬가지입니다. 아무 생각 없이 플랫폼에 들어섰는데 전광판에 역 접근이라는 표시가 나오면 발걸음을 재촉하게 됩니다. 이 지하철을 타지 않아도 시간은 넉넉합니다. 미리 가서 사무실에서 출근모드를 장착하기 싫은데도 발걸음이 빨라집니다. 막 뛰어서 문이 닫힐락 말락한 순간 또 시험에 들지요. 가방이라도 문 사이에 넣어서라도 타야 하나 말이지요. 차라리 지하철 오는 시간이 여유롭게 남는다면 이런 고민은 안 할 텐데, 코앞에 다가온 지하철은 우리를 고민하게 만듭니다.

어제도 그랬습니다. 자주 애용하는 쇼핑몰에서 특급 행사로 멜론을 판매했습니다. 옷을 파는 쇼핑몰 대표가 너무 맛있게 먹는 모습을 보고 얼른 주문했지요. 자신의 주력 분야도 아닌데 저렇게 팔 정도면 오죽 맛있을까 하는 생각에 맛이 검증되었다고 믿었습니다. 주문 후, 한참 동안 배달이 오지 않았습니다. 그러다 배달 지연이라는 문자가 떴습니다. 멜론이 익지를 않아서 충분히 익을 때까지 기다렸다가 보내준다는 소식과 함께요. 그런가 보다 했습니다. 그런데 지연 문자를 받은 날, 멜론이 왔습니다. 이미 멜론을 받았다고 판매자에게 메시지를 보냈습니다. 알겠다고 답장이 왔고 잊고 있었습니다. 멜론은 아이들이 또 먹고 싶다고 할 만큼 정말 맛있었습니다. 다시 구매하고 싶었지만, 옷 파는 마켓에서 또다시 멜론을 팔지 않는다고 해서 좋은 추억으로 남기기로 했습니다.

그런데 오늘 퇴근하는 중에 또 한 박스의 멜론이 배송되었다는 메시지가 왔습니다. 아마 지연이라고 표시되어 있던 것을 바꾸지 않았나 봅니다. 잘됐다 싶었습니다. 맛있는 멜론을 또 먹을 수 있게 되었으니까요. 그런데 그 순간 잠깐 고민이 되더군요. 나는 멜론이 이미 배송왔다고 연락을 했지만 판매자가 바꾸지 않았잖아요. 나는 잘못이 없습니다. 판매자의 실수로 멜론이 다시 온 거죠. 그냥 먹어도 되지 않을까 하고 생각했습니다. 이제껏 양심에 크게 어긋나는 행동을 하거나, 남의 물건을 이유 없이 꼴딱 삼키는 일은 없었습니다. 나름 상식적으로 살고 있다고 자부하는 사람인데, 그 순간 찰나의 시험에 빠졌습니다. 차라리 멜론이 한 박스만 왔더라면 이런 고민도 없었을 텐데 말이지요.

가끔 물건을 사다 보면 이런 일이 생깁니다. 신혼여행을 가기 위해 샀던 예쁜 오프숄더 원피스도 두 개가 왔습니다. 그때도 그냥 기다렸습니다. 자신들이 잘못 보낸 걸 알면 연락이 오겠거니 했지만 끝끝내 연락이 오지 않았습니다. 노트북도 그랬습니다. 계속해서 오지 않는 노트북을 기다리다 취소를 했는데 노트북이 두 대나 온 겁니다. 어차피 한 대 값은 취소가 안 되었으니 상관없었는데, 한 대가 공짜로 온 것이지요. 판매자의 연락을 기다렸지만 아무 소식이 없었습니다. 물론 이런 일이 자주 발생하지는 않습니다. 아무튼 판매자의 실수로 두 개의 물건을 받았을 때 그냥 놔둘지, 아니면 굳이 연락해서 바로 잡을지 시험에 빠집니다. 보통은 판매자의 조치를 기다리거나 내가 직접 연락해 돌려보낼 때도 있습니다.

이번 멜론 이중 발송 때문에 잠깐 고민을 한 것은 마침 그 쇼핑몰이 문을 닫기 때문입니다. 이제 다시는 연락할 필요도 거래할 일도 없으니까요. 그냥 눈 딱 감고 먹어도 되지 않을까 싶었지요. 찰나의 고민을 하였지만 멜론 농사짓는 사람을 생각하니 그럴 수 없었습니다. 열심히 농사지어 몇천 원에 팔았을 텐데, 내가 모른척하면 4통의 멜론이 흔적도 없이 사라지는 거니까요. 그러면 안 될 것 같았습니다. 판매자에게 다시 메시지를 보냈습니다.

"멜론이 또 왔습니다. 돈 입금해 드릴 테니, 계좌번호 보내주세요."

순간 고민했지만 멜론 값을 보내고 나니 후련했습니다. 그래서인지 이번 멜론은 지난번에 받은 것보다 더 달콤하고 깊은맛이었습니다.

우리는 삶을 살면서 순간순간 양심의 선택 앞에 섭니다. 양심에 따라 행동할 때도 있고요. 때로는 눈 딱 감고 모른척할 때도 있습니다. 매번 깨어 있다는 게 쉬운 일은 아니니까요. 그러면서 생각했습니다. 차라리 이런 고민을 할 일이 없었으면 좋겠다고 말이지요. 순간의 선택이 내 삶을 만드는데 어느 것이 좋은 선택인지 알지 못하기에 더더욱 고민이 되기 때문입니다.

"어제 에스컬레이터 사고가 있었대. 지하철 에스컬레이터가 갑자기 멈췄대. 그래서 그 위에 타고 있던 사람들 무게 때문에 모두 아래로 굴러떨어진 거야. 어떤 사람은 중상을 입기도 했대. 그럴 때는 정신 바짝 차리고 무조건 몸을 낮춰야 해. 머리를 보호해야 하니까."

남편이 저녁 시간 아이들에게 신신당부합니다. 아이들은 그 짧은 찰나의 순간에 그런 판단을 어찌할 수 있느냐고 투덜댑니다. 똑딱 하는 순간 사고는 발생할 텐데, 그 순간에 어떻게 몸을 숙이거나 자세를 낮추겠느냐고요. 그런 일이 일어나면 다칠 수밖에 없다고 합니다.

"호랑이한테 물려가도 정신만 똑바로 차리면 살 수 있어. 그 순간 초집중해서 선택을 해야지."

남편이 나무라듯 강조하며 다시 한번 말합니다.

"호랑이한테 물려가는 건 가는 동안 시간이 있잖아. 어떻게 해야겠다 계산을 할 수 있지. 그런데 에스컬레이터는 너무 순식간이야. 생각할 시간이 없다니까."

딸아이가 사춘기답게 반론을 제기합니다. 아이의 말을 들으니 그럴듯합니다. 그 순간 정신을 차리고 행동을 결정하기엔 너무 짧은 순간이니까요.

"에잇, 안 되겠다. 나는 차라리 계단을 이용해야겠어."

꾀가 많은 아들이 얼른 누나의 대답을 무마합니다. 나도 아들의 말에 동의합니다. 안전하고 운동도 되는 계단을 이용하겠다고 생각했지요.

아침 출근길 지하철에서 내렸습니다. 시원한 바람이 상쾌합니다. 지하철에서부터 읽기 시작한 e-book을 다음 페이지까지 읽으려고 핸드폰을 보며 걸었습니다. 그리곤 너무나도 자연스럽게 에스컬레이터를 탔습니다.

'에이 바보. 계단 이용해야지 해놓고.'

매일 타던 에스컬레이터가 갑자기 공포로 다가옵니다. 다리에서 힘이 풀리는 듯합니다. 갑자기 멈출 때를 대비해 손잡이를 꼭 잡으라는 문구가 보입니다. 만약 사고가 난다면 손잡이를 잡은들 함께 뒤로 밀리는 것은 어찌할 수 없겠지요. 오늘따라 에스컬레이터를 타는 사람이 적습니다. 심호흡하며 빨리 끝자락에 도착해서 내릴 수 있기를 소원합니다. 오늘 나의 선택은 위험천만했습니다. 사고가 있었던 어제의 다음 날인 오늘은 그랬습니다. 물론 다음 주에는 까마득히 잊고 천연덕스럽게 에스컬레이터를 타겠지요.

매 순간 우리는 시험에 빠집니다. 그 시험에서 어떤 것을 선택하는 것이 훗날 내 삶에 긍정적인 영향을 줄지 알지 못한 채로요. 그래서 인생이 어렵습니다.

우리는 삶을 살면서 순간순간 양심의 선택 앞에 섭니다.

순간순간 선택이 내 삶을 만들 테인데

어느 것이 좋은 선택인지 알지 못하기에 더더욱 고민하게 됩니다.

자신의 일을 묵묵히 해낼 수 있는 사람

아침 6시 30분, 알람이 울리기도 전 눈을 떴습니다. 덥고, 습해서 잠을 설치기도 했지만 일어나야 합니다. 월요일이니까요. 아침에 눈이 떠지면 오늘이 무슨 요일인지 생각합니다. 만약 토요일이나 일요일이면 그렇게 행복할 수가 없습니다. 하지만 오늘은 월요일. 슬프지만 떠지지 않는 눈을 떠야 합니다. 어제는 낮잠을 하나도 못 잤습니다. 그놈의 드라마 짤을 본다고 하루 종일 핸드폰만 들여다봤으니까요. 워낙 수사극이나 추리물을 좋아하거든요. 범인 잡고 싸우고 때리는 액션극만 봤더니 내 몸이 다 쑤신 느낌입니다. 주말에 낮잠을 좀 자둬야 월요일이 덜 졸리지만, 오늘은 아침부터 눈이 떠지질 않습니다. 몸에서 더 자라 더 자라, 졸리다 졸리다 하네요. 부스스 일어나 창문을 열고 아침을 맞이합니다. 안 갈수는 없는 직장이니까요. 자고 싶다는 생각만 하면서 지하철에서 졸 듯 깨듯 흔들리며 출근합니다. 학교에 도착해서 정신을 차리려고 이것저것 챙겨 먹습니다. 여기서 정신을 놓으면 안 됩니다. 자꾸 하품이 나지만 이렇게 저렇게 잠을 깨워보지요. 아이들이 들이닥칩니다. 나는 언제 졸렸나 싶게 웃으며 아이들을 맞이합니다. 오늘의 할 일과 주의할 점을 알려주지요. 누가 보면 주말을 잘 쉬고 쌩쌩한 월요일을 시작하는 직장인 같습니다. 아이들이 안 볼 때 고개를 돌려 연신 하품을 해 댑니다. 그러나 다시 아이들을 바라볼 때는 정신을 바짝 차립니다. 일이니까요. 일터에서 그러면 안 되지요.

며칠 전 김연아 선수가 텔레비전 프로그램에 나온 것을 봤습니다. 국민들에게 감동과 행복을 선사해 줘서 고맙다고 하니 연아 씨는 부끄러워했습니다.

"저는 그냥 제 일을 한 것뿐이에요. 여기서 메달을 따야겠다고 생각하기보다는 매 순간 제 일에 열중한 것뿐이죠. 이번 일을 끝내면 다음 일이 기다리고 있기에 기쁜 줄도 몰랐던 것 같아요. 미션처럼 하나하나를 준비한 거죠. 한 시즌이 끝나면 다음 시즌을 준비하면서 제 일을 한 것뿐인데요. 많이 좋아해 주셔서 감사하죠."

국민 영웅이라고 불리던 선수입니다. 하지만 성공의 힘은 그냥 자기 일을 한 것뿐이라네요. 선수로써 최선을 다했던 것인데 그 일로 힘을 얻었다고 하니 그게 더 감사하다고요. 한동안 그 말이 머리에 맴돌았어요.

'나는 내 일을 한 것뿐이다.'

나도 가끔 하는 말입니다. 내 몫으로 주어진 일은 내가 알아서 하겠다고요. 그리고 생각하죠. 집이나 직장에서 각자 자신에게 주어진 일을 남에게 미루지 않고 해내면 크게 트러블이 없을 텐데라는 생각이 드는 날이 많으니까요. 하지만 각자가 제 몫을 해낸다는 게 사실 어렵습니다. 그래서 부딪히고 갈등이 생기기도 합니다. 나는 그저 내 일을 했을 뿐인데 그것에 감동받아줘 감사하다는 김연아 선수의 말이 오래오래 마음에 남았습니다.

나 역시 남부끄럽지 않게 내 몫을 하려고 노력합니다. 그게 국민 영웅처럼 누군가에게 감동을 주지는 못할지라도 자신에게는 충분히 가치 있는 일이기 때문입니다. 왠지 나에게도 잘하고 있다고 토닥여주는 말 같았어요.

큰아이의 기말고사가 끝났습니다. 아이의 시험인데도 긴장이 되었습니다. 부모라 그런지 신경이 쓰이더라고요. 아이가 잠을 못 자면 같이 잠을 설쳤고, 아이의 긴장감이 온전히 나에게도 전해졌습니다. 시험이 끝나니 점수와 상관없이 홀가분합니다. 아이가 편안해지니 나 또한 편안해지네요. 아이는 시험이 끝났다고 주말에 책 한자 보지 않습니다. 시험 결과에 상관없이 고생했으니 놀아야 한다는 논리인데요. 주말에 흐트러진 아이를 보며 한마디 던집니다.

"월요일부터는 네 일을 하자. 다시 흐트러진 규칙을 다잡아보자"

아이는 겨우 이틀 쉬었을 뿐인데 또 공부 이야기냐 싶었을 겁니다.

"다른 애들도 시험과 상관없이 이번 주말엔 다 놀아. 결과가 어찌됐든."

아이가 약간 퉁명스럽게 대답합니다.

"그래. 오늘까지는 쉬어. 하지만 월요일이 되면 다시 시작하자. 공부는 네 일이야. 너는 네 몫의 일을 성실히 해야겠지."

아이에게 공부는 어떤 의미로 여겨질지 생각이 많아지는 요즘입니다. 반에서 중간 정도 성적입니다. 올 A를 맞아도 고등학교 가면 4등급까지 떨어지는데요. 아이는 B나 C까지 섞여 있습니다. 중학교에서 이 정도로 공부하면 인서울은 힘듭니다. 9등급 중에서 5~7등급이나 받을까 말까 입니다. 갑자기 성적이 오를 가능성이 낮은 여학생들의 경우는 더 그래요. 어려서부터 잘한 아이들이 쭉 잘하는 경우가 많으니까요. 하지만 아이는 여유만만입니다. 자신이 중상위라고 생각합니다. 맘먹고 하면 얼마든 잘할 수 있다고 생각합니다. 진짜 그럴까요? 고등학교 가서 열심히 안하는 아이는 없습니다. 모두 열심히 하지요. 아무리 남들보다 덜 자고 화장실 가는 시간 아껴도 등수 하나 올리기 힘들다는 고등학교 조카의 푸념이 떠오릅니다. 그런데 이렇게 열심히 공부해서 인서울을 간다고 하더라도 아이의 행복을 보장할 수 없습니다. 어떤 게 행복한 삶인지 어른도 잘 모르기 때문에 아이에게 방향을 제시해 주기 더더욱 어렵습니다. 그런데도 아이에게 공부만이 살길이니 죽기 살기로 해야 한다고 강요해야 하나 싶습니다. 나조차 확신이 없으니까요. 하지만 갈팡질팡한 가운데서도 한가지 변하지 않는 것이 있습니다.

"누구든 제 몫을 해야 한다."

지금 아이에게는 공부가 제 몫의 일입니다. 나중에 몇 등급을 맞든 그것과 상관없이 자신의 일을 성실히 해나가야 합니다. 그 과정에서 배우는 것이 있겠지요. 김연아 선수처럼 자신의 일을 묵묵히 해나가다 좋은 결과가 나오면 좋겠지만, 그렇지 않더라도 자신의 일을 해나가야 합니다. 그것이 삶을 살아내는 방법이니까요.

내일부터 아이는 또다시 자기만의 공부를 시작할 겁니다. 이번 기말고사에서 배운 것을 토대로 조금 달라졌으면 하는 바람이지만, 무엇을 느끼고 배웠을지 잘 모르겠습니다. 이렇게는 안 된다는 걸 느낀 나는 아이에게 자기 주도 방법을 배우는 학원에 다녀볼 것을 권했어요. 지금 자신의 위치를 정확히 파악하고 자신만의 공부법을 찾았으면 했습니다. 하지만 아이가 그 필요성을 절실히 느끼고 따라 줄지는 모르겠습니다. 어찌 됐든 나 역시 엄마로서 내가 할 수 있는 역할을 할 겁니다. 아이에 대해 고민하고 공부하며 아이에게 길을 제시하기 위해 노력할 거예요.

아이 또한 자신의 일을 해나갔으면 좋겠습니다. 공부를 특출나게 잘해서 스카이를 가지 못할지도 모르죠. 김연아 선수처럼 세계적인 재능을 펼치지는 못해도 자기 자리에서 제 몫은 해내는 아이로 키우고 싶습니다. 오늘도 그걸 위해서 엄마가 해야 할 일을 고민합니다. 묵묵히 내 자리에서 엄마 역할을 해내다 보면 언젠가 아이도 깨닫게 되겠지요. 아이가 성실하게 제 몫을 해나가는 사람이었으면 좋겠습니다. 특출하지 않아도 그것만으로도 충분히 가치 있는 일이니까요.

아이에게는 지금 공부가 제일의 일입니다.

나중에 덕 드그ㅇ 맞드 그것과 상관없이

아이는 아이의 일을 성실하게 해나가야 합니다.

그 과정에서 배우는 것이 있겠지요.

3장

서툴지만
너의 곁에 있어 줄게

너희에겐 좋은 것만 주고 싶어

"망치 찾아와. 빨리빨리."

언제나 아빠는 모든 일에 '빨리빨리'를 붙였습니다. 아빠가 말을 하고 바로 망치를 찾지 못하면 그때부터 불호령이 떨어졌습니다. 안 그래도 큰 눈을 몇 배나 치켜뜨며 "쓸데없는 지지배들이 그것 하나 빨리 못해?"라고 으름장을 놓았습니다. 1남 5녀, 쓸데없는 딸들이 많기도 하였지요. 나는 그 쓰잘머리 없는 딸 중 한 명이었습니다. 존재감 없는 사람이 되지 않기 위해 무던히도 애를 썼던 것 같습니다. 아빠가 말하기 전에 아빠의 동태를 살폈습니다. 아빠 말이 떨어지기 무섭게 빨리해야 한다는 공포가 나를 휘감았지요. 정신없이 아빠가 지시한 것을 하려고 했습니다. 그러면서 마음속으로 생각했지요.

'나는 분명 성격이 무지 급한 사람이 되겠구나.' 아직 나 자신을 분간하지도 못하는 어린 나이였는데도 그런 생각을 했습니다. 자주 이런 일이 생겼던 것 같습니다. 하지만 나는 성격이 급한 걸 넘어 다른 문제를 가진 어른으로 자랐습니다.

"선생님, 요즘 미디어 리터러시(미디어 정보를 활용하거나 정보를 이용하여 자신의 생각을 표현하는 능력) 책이 핫하던데 그쪽 책을 써 주실 수 있을까요?"

매번 나는 원고와 기획안을 써서 출판사에 제안했습니다. 처음으로 출판사에서 기획안을 제안받은 겁니다. 그 이야기를 들은 날부터 마음이 옥죄어오기 시작했습니다. 빨리 과제를 마쳐야 한다는 생각에 눈이 튀어나오도록 자료를 조사해서, 손가락이 삐걱거릴 만큼 열심히 글을 써냈습니다. 기한을 준 것도 아니고 물어본 게 다였지요. 나에게 과제를 준 대표님에게도 그에 걸맞은 성과를 보여줘야 한다는 생각이 가득했습니다. 뒷골이 당길 만큼 매일 공부하고 또 썼습니다. 방학에도 책 생각에 쉬어도 쉰 것 같지 않았습니다.

"대표님, 초안을 완성했습니다. 한번 봐주세요."

"정말 빨리 쓰셨네요. 대단하십니다."

정말 말 그대로 초안이었습니다. 맞춤법도 엉망이고 글의 쓰임새도 갖추어지지 않았습니다. 머릿속의 생각을 키보드에 풀어낸 그대로였지요. 아직 완벽하진 않지만 원고를 보여주고 싶었습니다. 빨리 이 과제를 끝내고 싶었습니다. 아빠의 '빨리'라는 말에 쫓기며 망치를 찾고 싶었던 그때처럼 말이죠.

이 성격이 그리도 싫었던 걸까요. 나는 해야 할 일이 있으면 마지막까지 미루는 느긋한 남편과 결혼했습니다. 그리고 세상에서 가장 느긋한 딸아이를 낳았지요. 아이는 서두르는 법이 없었습니다. 아주 느리고 꼼꼼하게 공부했습니다. 지문 하나를 읽어도 이해가 가지 않으면 절대 넘어가지 않았어요. 읽고 또 읽었습니다. 이해도가 높았고 틀리는 문제도 적었습니다. 아이는 그런 자기 스타일에 만족해하더군요. 하지만 그 모습을 보는 나는 답답합니다.

"빨리 숙제 마치고 자자. 나도 피곤해."

아이를 보면 하루에 한 번 이상 입에서 뱉어내는 말입니다. 아이에게는 아이의 속도가 있고 스스로 잘하고 있는데도, 오히려 견디지 못하는 것은 내 쪽입니다. 나의 이 트라우마를, 어린 시절을 아이에게 물려주지 말자고 매일 다짐합니다. 그러면서도 빨리 대충이라도 공부를 끝내길 바라는 내 자신을 어찌하지 못합니다. 어린 시절의 내가 자꾸만 튀어나와 그때의 나와 다른 아이를 괴롭히고 힘들게 합니다. 벗어나고 싶은데 벗어날 수 없는 나의 어린 시절. 나는 오늘도 내 어린 시절을 붙잡고 한바탕 실랑이를 벌이고 있습니다.

아프냐?나도 아프다

"엄마 내일 아침에 몇 시에 일어날 거야. 나도 일찍 일어나고 싶어. 깨워주면 안 돼?"

아이가 안방으로 다가와 슬며시 내 옆에 눕더니 소곤소곤 작은 목소리로 말합니다. 이런 말투와 목소리가 얼마 만인지 모릅니다. 의아해서 아이를 쳐다봤습니다. 오늘은 기분이 좋은 모양입니다.

"왜, 아침에 해야 할 일 있어?"

아이는 동그란 눈을 끔뻑 끔뻑거립니다. 꿈을 꾸고 있는 듯 눈동자가 반짝거리네요.

"친구들은 일찍 일어나서 책도 읽고 공부하는 애들도 있나 봐. 나도 그렇게 해보고 싶어. 매일 늦게 일어나서 밥도 제대로 못 먹고 학교 가니까 아쉬워서 그래. 아침에 일어나서 책도 읽고 글도 쓰고 여유 부리고 싶어. 작가가 되려면 지금부터 글쓰기 연습하면 좋잖아."

아이의 머리를 쓰다듬었습니다. 비듬이 삐죽삐죽 보이고 두피에 올라온 기름 때문에 만지기 찝찝했지만, 오늘은 기꺼이 어루만져 주었지요.

"새벽까지 잠 못 드는데 가능하겠어? 그렇게 일찍 일어나려면 일찍 자야지. 그래야 아침에 눈이 떠지지. 저녁에 할 게 많아?"

오랜만입니다. 이렇게 도란도란 얘기를 나누는 시간이요. 어릴 때는 줄곧 잠자기 전에 누워 하루 종일 있었던 일을 이야기했습니다. 할 얘기가 없는 날은 책을 읽거나 재미있는 상상을 나누며 잠이 들었지요. 함께 꺄르르 웃던 기억이 가득합니다. 아이가 자기 방으로 독립하고 난 이후론 사실 잔소리 일색이었습니다. 새벽까지 불이 켜놓고 있는 아이에게 가서 매일 일찍 자라 눈을 흘기고 나오는 날이 대다수였지요. 뭘 하다 자는지도 모른 채 내가 먼저 잠들었어요. 중간에 깨어보면 아직 자지 않고 있는 아이에게 화내기에만 급급했습니다.

"숙제 다 하고 나면 그때부터 내 시간 시작이잖아. 책도 읽고 음악도 듣고 싶어. 친구들 인스타 방문도 해야 하고 웹툰은 또 얼마나 재미있는지 몰라. 그렇게 시간을 보내다 보면 훌쩍 새벽 시간이 되지. 엄마 아빠가 자다가 일어나서 화낼까 봐 얼마나 살금살금 움직이는지 몰라. 자주 걸려서 혼나긴 하지만……."

나도 그랬던 거 같습니다. 저녁 늦게까지 라디오에서 나오는 노래를 듣고 좋은 노래는 녹음도 했었지요. 앞부분이 잘리지 않고 녹음되었을 때는 얼마나 기뻤던지 저절로 웃음이 났습니다. 좋아하는 음악을 들으며 친구에게 손편지를 썼어요. 낭만에 젖어 편지를 쓰노라면 눈물이 났습니다. 시집을 읽으며 시의 감성에 빠져 행복했던 기억이 가득하지요. 친구에게 편지를 쓰다가 학교 숙제를 까먹은 적도 있습니다. 나에게도 잠들지 못하던 날들이 있었습니다. 누구에게도 방해받지 않은 시간들이 소중했던 사춘기 시절이었습니다.

"학교에서는 뭐 재미있는 일 없었어?"

"학교는 수업만 들어도 바빠. 참 과학 숙제 있는데 깜빡했다. 내일은 수학이랑 사회 수행평가도 있는데 아이쿠야. 머리도 감아야 하는데 시간이 너무 늦었나? 여드름은 알로에 바르면 없어지기는 하는 거야? 점점 더 나는 거 같아."

아이는 시계를 보는 듯하더니 이내 자리에 다시 누웠습니다.

"내일 학원 갔다가 스터디 카페 가게 등록해줘. 일어나서 책도 읽고 머리도 감아야 하는데 귀찮다. 배고픈 거 같은데 떡볶이 남은 거라도 먹을까?"

아이는 할 게 많았어요. 하지만 할 게 많다는 말만 하고 일어나진 않습니다. 뒹굴뒹굴 이불 끝을 돌돌 말아 구겼다 폈기만 반복했지요.

"나도 일어나서 약 먹고 자야 하는데 귀찮다."

아이 어깨를 토닥이며 자장 자장을 해주었습니다.

둘이서 꼬옥 손을 잡고 한참을 그렇게 누워있었어요. 딸아이의 따스한 온기가 가슴 가득 전해졌습니다. 그 손끝의 온기를 자꾸 식히는 것이 저녁의 쌀쌀한 바람뿐만이 아닌 것 같아 아이 손을 더 꽉 쥐어봅니다.

"아야 아파. 엄마."

"아프냐. 나도 아프다 인마."

꽉 잡았던 아이 손을 내려놓으며 일어섭니다. 배고프다는 아이를 위해 떡볶이라도 만들어야겠습니다.

나에게도 잠들지 못하던 날들이 있었습니다

누구에게도 방해받지 않은 시간들이 소중했던

사춘기 시절이었습니다

엄마는 베테랑 수리공

'거실이 왜 이렇게 환하지?'

핸드폰을 켜 시계를 보니 1시가 넘었습니다. 분명히 12시면 모두 잠들 시간인데 이상했지요.

"딸, 너 혹시 또 안 자고 있니?"

딸아이 방에 대고 냅다 소리를 질렀습니다. 이 시간에 환하게 불을 켜고 있을 만한 사람은 오직 한 사람 중2 소녀밖에 없었지요.

"이거 안 돼서."

딸아이의 웅얼거리는 대답 소리가 들립니다. 잠들기 전에 아이는 숙제가 남았다고 했어요. 음악 산업을 조사해야 한다고 했습니다. 그게 10시 반의 이야기거든요. 이 시간까지 음악 산업을 붙잡고 있을 리가 없었는데요. 이상했습니다. 또 무슨 핑계를 대서 잘 시간을 늦추고 있는 건지 알 수가 없었지요. 솜에 젖은 듯 무거운 몸을 일으키며 다시 한번 딸아이를 불렀습니다.

"뭔데? 왜 아직도 안 자는 건데. 너 잔다는 약속 안 지켜서 이미 용돈 만 원 깎았는데 더 깎이고 싶은 거야?"

딸의 방으로 들어섰는데 엉망진창입니다. 학교 다녀와서 벗은 외투와 갈아입을 잠옷이 그대로 침대 위에 놓여있고, 방바닥에는 온갖 A4 용지가 나뒹굴고 있었습니다. 종이들은 군데군데 찢겨 있었습니다. 도둑이 들었다고 해도 이상하지 않은 모양새였어요. 더 가관인 것은 아이였지요. 무슨 플라스틱 물체를 뒤집은 채 고개를 박고 쳐다보고 있었습니다.

"너 뭐해?"

아이는 내가 들어서는 소리에 소스라치게 놀라며 나를 바라봤습니다.

"프린터가 안 돼서. 프린트를 아직 다 못했는데 이상해. 한 장이 여기 들어갔거든. 그런데 안 나왔어. 이 종이는 내가 잡아당기다가 찢었는데 이 끝부분 봐봐. 여기가 감쪽같이 사라졌어. 아무리 열어봐도 안 보여."

아이는 얼굴이 벌게져 있었습니다. 얼마나 기계를 뒤집어 봤는지 손바닥이 빨갰습니다.

"아직도 음악 산업 숙제가 안 끝난 거야?"

나는 황당한 상황에 뭐라 할 말이 없었습니다. 방바닥에 철퍼덕 앉아 프린터를 이리저리 돌려보는 아이가 가엽게 느껴졌지요. 저놈의 프린터 저것이 또 시작이구나 싶었습니다. 남편은 프린터를 버리고 하나 사자고 했습니다. 하지만 집에서 자주 인쇄할 필요가 없는데 굳이 기계를 살 필요는 없을 것 같았어요. 연말정산 때만 겨우 한두 번 쓰는 프린터였으니까요. 가끔은 그냥 새것으로 살걸 그랬나 하는 생각이 들 때도 있었습니다. 한번 프린터를 쓸라치면 남편이랑 나랑 둘이 달라붙어도 될까 말까였으니까요. 종이를 정성스럽게 집어넣어도 걸리기 일쑤였습니다. 종이 없음은 수시로 나오고 매번 종이가 걸려서 프린터 하다가 찬물을 얼마나 들이켰는지 모릅니다. 저 요물단지에 아이가 된통 당하는 모양새였지요.

"한 장만 더 뽑으면 되는데 안 돼. 벌써 1시간도 넘게 만져봐도 모르겠어. 어떻게 하지? 손으로 써가야 하나?"

아이는 구원군을 만난 듯 눈이 촉촉해진 채 나를 바라보며 물었습니다.

"이리 가져와 봐. 엄마가 프린터 수리만 25년째 하고 있다. 일하면서 프린터를 몇 번을 고친 줄 아니? 한밤중의 수리공이 나간다. 실력을 보여주지."

나는 프린터를 이리저리 돌려보았습니다. 아이가 열어보고 있던 뒤쪽은 이상 없었어요. 그렇다면 앞쪽에 끼인 건데 싶어서 기계를 만지작거렸습니다.

"엄마, 함부로 만지다 고장 나면 어쩌려고 그래. 조심해야지."

숙제는 많은데 프린터는 안되고 시간은 늦어서 엄마한테 혼날 것을 걱정했겠지요. 또 잘못 만졌다 고장 내면 더 혼날 텐데 하는 생각에 어찌나 싶었을 겁니다. 기계를 만지면서 아이 머릿속에 가득했을 걱정들이 하나둘 프린터 잉크에 녹아 있는 것 같았습니다.

"괜찮아. 여기 종이가 낀 것 같네."

걱정스러운 아이 눈빛 위로 뚜껑을 열었습니다. 아이 말처럼 구겨진 멀쩡한 종이 한 장과 찢긴 종잇조각이 나왔어요.

"맞아, 이거야. 내가 찾던 게 여기 있었네."

아이는 조심스레 프린터 뚜껑을 닫더니 전원을 다시 켰습니다. 셋, 둘, 하나.

"됐다. 마지막 한 장 나왔어."

어찌나 큰 소리로 말하던지, 자고 있던 식구들마저 깨울 지경이었습니다.

"손으로 한 장은 써야 하나 고민하고 있었는데 다행이다. 사진 찍어 둬야겠다. 2시까지 나를 못 자게 만든 음악 숙제."

엄마를 깨우지도 못하고 혼자서 해결해보려고 이리저리 궁리해보던 아이가 신이 났습니다.

"오늘 늦게 잔 건 용돈에서 깎지 않을게. 어서 정리하고 자."

아이의 야호 소리를 들으며 안방으로 들어와 누웠습니다. 시간은 2시를 향해 가쁜 숨을 내달리고 있었지요.

친구가 있었으면 좋겠어

"너는 너무 에너지가 많아. 그 에너지가 부담스러워. 받을 사람은 준비도 안 되었는데 말이야. 너 혼자서 매번 마음을 드러내. 그게 불편해. 에너지 수준을 낮춰 보면 안 될까? 워~워"

처음 직장 생활을 했을 때 가까이 지내던 언니가 나에게 했던 말입니다. 직장에서 친구를 만든다는 것은 쉽지 않습니다. 그런 직장에서도 열정적으로 내 마음을 표현했습니다. 마음에 드는 사람이 있으면 불도저처럼 직진했습니다. 적극적으로 내 마음을 표현했지만 상대방은 그 호의를 거절했습니다. 봄이 지나야 여름이 오고 시간이 무르익어야 가을, 겨울이 오잖아요. 때가 되어야 한다는 것을 그땐 이해하지 못했어요. 내가 좋은데 왜 망설이고 있어야 하나 싶었습니다. 참아야 한다고 할수록 답답해졌지요. 직장 다닐 때도 이랬으니 학생 때는 오죽했을까요.

학기 초만 되면 반에서 마음에 드는 아이가 한 명씩 있었습니다. 학기 시작한 지 일주일이 채 되지 않아 그 친구에게 편지를 썼습니다. 네가 마음에 든다고, 친하게 지내자고 말이죠. 그러면서 선물 공세도 하고 마음 열기를 종용했습니다. 늘 친구들의 답변은 거절이었어요. 익지도 않은 열매가 맛이 있을 리가 없었지요. 뭉근히 때를 기다릴 줄 몰랐습니다. 늘 상처투성이였습니다. 내가 좋아하는 사람은 왜 나를 좋아하지 않는 걸까 고민했습니다. 그러면서 내가 가진 외향적인 성격을 부정하기 시작했고 나는 결코 좋은 사람이 아니라고 스스로 생각까지 하게 되었습니다. 그렇게 스스로를 가두기 시작했습니다. 활발한 기질과 사교적인 성향이 드러날까 새로운 곳에선 조심했고, 관심이 가는 사람을 만나도 섣불리 다가가는 것을 최대한 자제했습니다. 인간관계에 있어 나는 늘 한발 멈춰야 했던 사람이었어요.

"친구들이랑 말하는 게 그렇게 힘드니?" 딸아이에게 물었습니다. 그날은 현장학습 끝나고 친구들이랑 자유롭게 점심을 먹는다고 했는데, 같은 모둠 친구들과 같이 밥을 먹자고 말을 못 할 것 같답니다. 친구들이 밥 먹으러 간다고 할 때 조용히 "나도"라고 한마디만 하면 되는데 그게 그렇게 힘든지 이해가 안 됐습니다. 모둠에 나처럼 외향적인 성격의 친구가 한 명만 있어도 좋겠다 싶었습니다. 그러면 망설이는 딸아이를 보며 "너도 같이 가자"라고 했을 테니까요. 아이는 사람 관계에서 첫 시작이 어렵다고 합니다. 친구들에게 같이 놀자고 하는 게 그렇게 어렵답니다. 그래서 놀고 싶은 마음을 꾹꾹 눌러 집으로 가지고 와, 그 말 보따리를 나에게 풀어놓지요. 끊임없이 말을 하면서 상상 속에서 꿈꾸고 기대합니다.

"친구가 딱 한 명이라도 있었으면 좋겠어. 절친이 아니라도 괜찮아. 말이라도 편하게 주고받는 친구가 필요해. 나는 그게 너무 힘들어. 어떻게 먼저 말을 꺼내야 할까?" 울먹이며 말하는 아이를 보며 답답한 것은 아이만이 아니었습니다. 나는 한 번도 친구에게 말을 못 걸어 걱정인 적이 없었거든요. 오히려 내 호감을 너무 말로 표현해서 상대방이 부담을 느낄 정도였습니다. 어찌 말 못 해서 고민하는 아이의 마음을 이해할 수 있겠어요. 백번 천번 이해하려 해도 화만 치밀 뿐이었지요. 도대체 뭐가 부족해서 그걸 못하는 건지 답답했습니다. 그럼에도 그 말을 진짜 화나는 순간 빼고 자제하는 이유는 딱 한 가지였습니다.

'네가 너를 부끄러워하지 않았으면 좋겠어.'

아이가 가진 성향을 부정하고 숨기지 않았으면 좋겠습니다. 딸아이가 내 친구라면 나는 너무 좋을 것 같거든. 한결같고 욕심부리지 않고 양보도 잘합니다. 성실하고 원칙을 잘 지킵니다. 내가 잠깐 딴짓해도 딸아이라면 잡아줄 수 있을 것 같아요. 다만 마음을 여는 데 시간이 오래 걸리는 것뿐이지요. 자신의 마음을 드러낼 만큼 믿을 만한 사람이라는 확신이 쉽게 생기지 않는 것인데, 그것이 좋다 나쁘다 판단할 수는 없습니다. 특히 엄마라는 사람의 판단이 아이를 스스로 무기력하게 만들지는 않아야겠지요.

"바보냐? 말 한마디를 왜 못 해"라는 말이 나오는 걸 꾹 참습니다. 먼 훗날 아이가 "내가 뭐 어때서"라고 당당하게 자신을 사랑할 수 있으면

좋겠습니다. 그렇게 자신의 본질을 숨기지 않는 아이였으면 싶은 엄마의
작은 바람입니다.

'네가 너를 부끄러워하지 않았으면 좋겠어'

대치동과 좋은 엄마 사이에서

"언니 나 이사 가요. 잘 지내요. 이번에 목동 들어가는 엄마랑 함께 밥이라도 먹으면 좋은데 시간이 안 되네. 대치동 가서 소식 전할게요."

1학년 때부터 알고 지내던 아이 친구 엄마에게서 연락이 왔습니다. 아이가 6학년이 되면서 그야말로 학군지 이사 붐이 일었습니다. 아이에게 신경 좀 쓴다 싶은 엄마들은 다 학군지로 이사를 합니다. 잘 가라고 꼭 S대 과잠 입고 만나자고 행복을 빌어주었습니다. 물론 나는 이 동네에서 살 겁니다. 학군지로 이사 가서 가뜩이나 힘든 아이를 더 힘들게 하고 싶지는 않으니까요. 가끔 아들이 고등학교 수학 문제집 푸는 친구를 보며 자기도 진도 빨리 빼고 싶다고 말할 때는 살짝 고민이 되기도 합니다. 옆에서 무엇을 하던 아무 의미 없고, 선행해봤자 잊어버리기나 한다며 학원도 거부하는 큰아이와는 달랐습니다. 아들 녀석은 그야말로 잘해서 자신의 능력을 인정받고 싶어 했어요. 앞서나가길 원했죠. 어디 데려다 놔도 무엇을 시켜도 잘할 녀석입니다. 그래서 앞서가는 친구들을 보며 자극을 받는 게 도움이 되지 않을까 하고 아이가 어려서부터 고민했습니다. 딸아이야 어디서 커도 자기만의 속도로 흔들리지 않을 아이였습니다. 하지만 주변 친구들의 영향을 받는 아들은 신경이 쓰였습니다. 새로운 환경을 원하지 않는 아이들이라 당장은 싫다고 할 것입니다. 학군지에서 분명히 좋은 영향을 받을 수 있다고 생각하니 욕심도 났습니다. 아들 친구들이 너도나도 이사한다니 심란합니다. 우리 아들도 그곳에서 못 따라갈 아이는 아니었으니까요.

중간고사를 마친 딸아이가 자기 평균이 몇 점정도 될지 물었을 때 남편은 욕심 없이 평균 70점을 불렀지만 나는 달랐습니다. 95라고 부르니 아이가 화들짝 놀랍니다. 자기가 겨우 3일 공부하고 시험 본 걸 뻔히 알면서 엄마가 너무 높은 점수를 불렀으니까요. 본인은 평균 90점 맞은 것만으로도 대견해 죽겠는데 엄마는 무슨 욕심인가 하고 생각했겠지요. 엄마는 그래요. 아니 나는 그렇습니다.

"나는 네가 100점 만점에 100점을 맞아도 양에 안 차. 나는 네가 1,000점도 맞을 수 있는 아이라고 생각하거든. 내 딸은 무한한 가능성을 가진 존재니까."

아이는 엄마의 멘트에 부담 백배라며 진저리를 칩니다. 하지만 진심입니다. 아이는 어디 내놔도 부족하지 않습니다. 뭐든 잘할 수 있는 아이지요. 내가 그런 아이의 가능성을 꺾는 것은 아닌지 순간순간 고민스러울 때가 많습니다. 마치 오늘 아침에 우연히 광고로 뜬 가방이나 화장품을 봤을 때처럼요. 어제까지 모르던 그 물건이 마치 지금 당장 내 손에 없으면 안 될 것처럼 갖고 싶어지는 마음처럼 뭔가 내가 뒤처진 것 같은 느낌이 들 때 좋은 가방, 멋진 옷으로 나를 채우고 싶어지는 그 마음과 비슷했습니다. 대치동에 가서 아이를 제대로 뒷받침해줄 경제적, 정신적 여유도 없으면서요. 아이 친구처럼 대치동이나 목동에 안 가면 아이에게 좋은 엄마가 못 되는 것 같은 자괴감이 들었습니다. 이건 시험공부 안 해서 못 한 거다. 하면 잘할 수 있다고 말하는 사춘기 수험생과 무엇이 다를까 싶습니다. 당장 내가 초라해 보이면 그 빈 곳을 채우느라 단 것을 찾아 양껏 먹고 나서 행복하다고 느끼는 심리와 다르지 않지요. 그러나 공허한 마음은 먹을 걸로 채워지지 않습니다. 먹고 난 후 속만 쓰리지요. 그저 자기 위안일 뿐이었습니다.

"자기 오늘은 또 왜 이렇게 멋지게 입고 왔대. 하여간 멋쟁이야. 머리도 풍성하게 잘 말아서 너무 이쁘다."

출근하면서 친한 선생님에게 칭찬을 들었습니다. 칭찬에도 기분이 썩 좋지는 않았습니다. 그래도 별로인 줄 아니까요. 나는 어릴 때부터 패션에 관심이 많았습니다. 꾸미는 것을 진짜 좋아했지요. 아주 화려한 패턴이나 장신구도 망설이지 않았어요. 나이가 들면서는 우아한 패션에 관심이 생겼습니다. 뉴트럴톤으로 옷을 맞춰 입고 간단하고 고급진 악세사리나 가방을 즐겨하지요. 하지만 늘 불만입니다. 작은 키와 유난히 도드라지게 짧은 팔다리는 어떤 옷을 입어도 초라하게 만드니까요. 지하철에 서서 기다리는 여자들을 볼 때마다 키를 가름해봅니다. 저만큼만 컸으면 더 멋지게 하고 다닐 텐데 나는 왜 이것밖에 안 되나 자괴감이 듭니다. 키도 크고 얼굴도 괜찮은데 어울리지 않게 하고 다니는 사람을 보면 화가 납니다. 저렇게 좋은 조건을 왜 이용하지 못할까 싶어서요. 제 몸의 강점을 활용하지 못할 바에는 차라리 나 같은 사람에게 저런 조건을 주지라는 생각도 했습니다. 하지만 그럴수록 나를 더 초라하게 만들 뿐이었지요.

남들이 보기에 그렇게 키가 작지도 뚱뚱하지도 않다고 합니다. 그들이 보기엔 얼굴도 그만하면 괜찮다며, 전혀 콤플렉스를 가질 정도가 아니랍니다. 사실 나에게 관심이 많지 않아 그렇게 말했을 수도 있습니다. 나보다 나에 대해 관심이 없으니까요. 웬만하면 괜찮다고 하는 것이지요. 다른 사람들은 괜찮다고 하는데도 혼자 스트레스를 받습니다. 내가 가진 좋은 조건들은 보지도 않고 나를 양껏 깎아내리지요. 머리카락도 두껍고 머리도 풍성해서 남들이 정말 부러워하거든요. 그런 것 따위는 내 관심사가 아닙니다. 나는 얇고 윤기 있는 생머리를 더 부러워했습니다.

아이에게도 마찬가지였습니다. 3일 공부하고 평균 90점이 나온다는 것은 그만큼 수업을 집중해서 충실히 들어야만 가능한 일입니다. 그걸 인정하지 못하고 더 높은 점수만 기대했어요. 단지 내 아이라는 말도 안 되는 이유로요. 대치동에 이사 가지 않더라도 어디서든 잘하는 아이는 잘할 겁니다. 아이가 잘할 수 있도록 어떻게 도와줄지 생각하기보다 대치동에 이사 가지 못하는 경제 사정만 원망하고 있었네요.

날씨가 무척 좋습니다. 반짝 반짝이는 나뭇잎이 정말 예쁩니다. 나뭇

잎은 제각각 다르게 생겼지만 그걸 비교하거나 원망하지 않습니다. 그저 자기 자리에서 최선을 다해 빛납니다. 어떻게 하면 햇빛을 충분히 받고 잘 자랄 수 있을까? 그 고민뿐입니다. 그래서 더더욱 하나하나가 싱그럽고 아름답지요. 모양이 다르다고 다른 나뭇잎이 더 크다고 질투하지 않습니다. 햇살에 반짝이는 나뭇잎을 보며 나 또한 아이만의 반짝이는 존재임을 알아줘야겠다고 생각합니다. 자주 잊고 살지만 나 역시 그런 존재라는 것을 기억해야겠습니다.

각자의 빛깔과 모양대로 자라면서 행복하면 됩니다. 그것만으로도 충분히 가치를 다하는 존재입니다. 아이는 아이 속도대로 모양을 내며 자랄 것입니다. 나는 내 자리에서 최선을 다해 반짝여 봐야겠습니다.

축구 안 봐?

새벽 4시 한국 대 브라질의 축구 경기가 열리는 날입니다. 사람들은 혹시나 하는 기대감에 잰걸음으로 집으로 향합니다. 혹시나가 역시나가 될지도 모른다는 생각은 안 합니다. 빡빡한 하루에 그것만이라도 희망을 품고 싶은지도 모릅니다.

축구 경기에 가장 들뜬 것은 아이들입니다. 중학교 1학년과 초등학교 5학년 두 아이는 매일 축구 얘기에 열광합니다. 친구들이 곁들인 축구 관람평을 보태며 평가에 혈안이 되어 있습니다. 평소 축구를 좋아하는 남편까지 합세해 셋이 모이면 줄곧 축구 얘기로 열을 올립니다. 오늘 마지막 축구 월드컵 예선이 있는 날인지라 아이들은 더 흥분해 있었습니다. 일찍 숙제를 마치고 잠을 자겠다고 하네요. 열에 들떠서 블라블라 하는 소리가 귓전에서 윙윙거립니다. 저녁 10시가 되니 녀석들이 숙제를 마쳤다는 야호 소리가 들립니다. 잔소리를 하지 않아도 스스로 잠자리에 들기까지 하네요. 매일 12시에 자던 녀석들인데요. 나도 덩달아 일찍 잘 수 있어서 좋았습니다. 어스름 달빛이 달큰하게 느껴졌습니다.

잠결에 거실에서 속닥거리는 소리가 들립니다. 경기가 시작하려나 보네요. 새벽에 한 번도 일어난 적이 없는 아이들이었지요. 아침에 아무리 깨워도 일어나지 않던 아이들이 스스로 일어난 거예요.

"안 졸려?"

거실의 아이들을 돌아다보며 물었습니다.

"졸리다니 말도 안 되지. 엄마도 같이 보자. 아. 너무 떨려."

아들 녀석이 눈에 불을 켜고 말했습니다. 친구들이 선수 한 명 한 명에 대해서 말해준 신변잡기 일화를 누나에게 열심히 이야기하고 있었습니다. 하지만 누나도 바빴습니다. 스마트폰을 뚫어지게 보느라 무슨 말을 하는지 신경도 쓰지 않았어요. 친구들이 벌써 카톡으로 야단이 난 모양입니다. 어떤 선수가 멋지다거나 오늘의 점수를 예상해 보는 등 다들 바쁘게 톡을 날리고 있었겠죠. 아이는 킥킥거리며 화면에서 두 눈을 뗄 줄 모릅니다.

"나는 잘란다. 재미있게 봐라."

함께 키득거릴 친구도, 들어두었던 신변잡기도 없는 나는 다시 방으로 들어왔습니다. 쌔근쌔근 잠든 남편 곁에 누워 다시 잠을 청했지요. 아이들이 웅성거리는 소리에 남편이 잠에서 깨어났습니다.

"시작하나 봐?"

"응, 당신 안 봐?"

"나 내일 출근해야잖아. 지금 축구를 보면 너무 피곤해. 저것들은 젊어서 좋겠다."

남편은 뒤척임을 정리하고 다시 눈을 붙였습니다.

'그러게. 너희들은 사회생활을 해야 하니 열심히 보거라. 잘 보일 사람도, 함께 떠들면서 나눌 친구도 없는 우리는 자야겠다.'

아이들의 환호성 소리를 들으며 잠자리에 누웠습니다. 뒤척뒤척 잠이 오지 않는 새벽이 지나가고 있었어요. 안방 문 사이로 중계방송 불빛이 무심하게 새어 들어왔습니다.

너의 속도대로 잘 크고 있구나

주말입니다. 누워서 뒹굴뒹굴 핸드폰을 보고 있는 내게 딸아이가 슬그머니 다가옵니다. 나를 바라보는 눈빛이 고양이 같습니다. 다가가면 멀어지고 멀어지면 다시 가까워지니까요. 고양이에게 집사가 필요하듯이 아이에게도 내가 필요한 순간이 온 모양입니다. 어물쩍 다가오는 아이를 바라봤습니다. 이마에 여드름이 세 개는 늘어난 것 같네요. 곧 터질 것 같이 몽우리가 져 있는 여드름 자국이 아이를 똑 닮았습니다.

"왜, 뭐 할 말 있어?"

"엄마, 내가 생각을 해 봤는데 말야. 내 지금 수준이 어느 정도인지 말야."

흥미로운 주제입니다. 웬일로 공부 얘기를 먼저 꺼낼 때도 있나 싶습니다. 사실 제일 공부 잘하고 싶은 사람은 본인일 것입니다. 그럼에도 늘 내가 먼저 말을 건넸는데요. 오늘은 저쪽에서 콜을 보냈습니다. 마다할 이유가 없었지요.

"갑자기 왜?"

고양이를 다룰 때는 고도의 스킬이 필요합니다. 덥석 미끼를 물었다가는 냉큼 손톱을 내밀어 할퀴어버리잖아요. 아닌 척 모르는 척 연기가 필요한 순간입니다. 무심한 듯 반가운 표정을 감추며 물었습니다.

"내가 지금 풀고 있는 문제집으로 내 수준을 가늠해 봤거든. 중1이니까 시험이 없잖아. 중2 때 시험 시작되기 전에 뭘 준비해야 할지 알아야 하니까. 국어는 보통이나 보통보다 나은 거 같아. 내가 문해력은 좀 있는 거 같거든."

"진짜? 문해력이 있다고?"

아이 입에서 요즘 한창 화두인 문해력이라는 말이 튀어나왔습니다. 공부는 그저 엄마가 시켜서 마지못해하는 것일 뿐이라고 생각했는데요. 스스로 문해력을 말하다니 이거 진짜 아기는 아니었던 건가 싶습니다.

"왜 그렇게 놀라. 내가 문해력이 낮다고 생각하는 거야?"

"아니 그게 아니라. 너 자신의 문해력을 알고 있다는 게 놀라워서 그래."

아이는 세우려던 발톱을 집어넣고 말을 이어갔습니다.

"영어는 지금 내 학년보다 잘하는 것 같아. 처음 시작할 때 3학년이었잖아. 다른 애들보다 훨씬 못했었는데 잘하게 된 비결이 뭔 거 같아?"

물론 '네가 열심히 했지'라는 말을 원했을 겁니다. 하지만 영어는 내가 애쓴 보람이 큰 건 사실이니까 여기서 살짝 선을 넘어줍니다.

"엄마가 노력한 결과지. 하루도 빼놓지 않고 영어 들려주려고 얼마나 노력했니."

호락호락 엄마의 노력으로 돌리고 싶지 않았을 것입니다. 아이는 아무 말도 하지 않았어요. 너도나도 애쓴 덕분이었지만 서로 자신의 공이 더 커 보이는 건 어쩔 수 없습니다.

"암튼 영어는 잘하고 있어. 수학이 문제야. 수학 개념은 잘 알거든. 기본 문제는 쉬우니까. 근데 응용이나 심화가 어려워. 수학하는 시간을 더 투자해야 할 거 같아. 근데 심화는 진짜 풀기 싫어!"

아이는 솔직한 심정을 내비쳤습니다.

"대단한데. 그게 바로 자신을 아는 메타인지야. 너는 네가 뭘 잘하는지 못하는지 분명히 알고 있네."

"엄마는 안 그랬어?"

"엄마는 중학교 때 아무것도 몰랐지. 그냥 놀기만 했어. 우리 딸 멋지네."

아이의 기분이 좋은지 아닌지는 알 수 없었습니다. 아이는 담담하게 말을 이어나갔습니다.

"내가 푸는 문제집 수준으로 생각해 본 거야. 국영수 말고 과학이나 사회가 중요하다고 했었나. 과학이나 사회는 수준이 얼마나 되는지 모르겠어. 문제집을 풀어보거나 하지 않아서. 암튼 더 중요한 건 없는 거지?"

이때다 싶어 나의 바람을 담아 대답합니다.

"그럼 방학 때 과학이랑 수학도 문제집 풀어봐야겠네."

아이는 겨울방학 때 공부할 게 더 많아질까 봐 얼른 자리를 피했습니다. 딱 거기까지였던 거지요. 자신이 열심히 하고 있다는 자부심까지만 확인하고 싶었을 뿐 더 보태는 것은 원하지 않습니다. 스스로 자신의 안위를 결정하는 고양이처럼 아이는 다시 자기 방에 들어앉아 편안하게 누웠습니다. 오늘의 대화는 여기까지만 이라고 말하는 듯 입을 다문 채로 말이죠.

'잘 크고 있구나. 네 시간과 네 속도대로.'

제자리로 돌아가 공상에 빠져 졸고 있는 아이를 봅니다. 오늘 아이가 한 뼘 더 커 보이네요.

중2 또한 그렇게 지나갈 것입니다

아이가 중2가 됩니다. 이제 사춘기가 제대로 올 시기입니다. 그러기 전에 우리는 아이와 함께 여행을 많이 다니기로 했습니다. 아이가 우리와 다닐 여행이 언제가 끝일지 모르니까요. 아이가 우리와의 동행을 거부하기 전에 하루라도 더 많이 추억을 만들고 싶었지요. 가는 해의 마지막 날 우리는 자는 아이를 깨워 일출을 보러 가자고 했습니다. 늘 일출을 보고 싶어 했거든요. 새해 첫날은 인파가 몰릴 것을 예상해 하루 앞당겨 가까운 산으로 올해의 마지막 일출을 보기로 했습니다. 아이는 새해에 대한 벅찬 기대 때문인지 순순히 따라나섰습니다. 새벽녘 어스름한 기운을 뚫고 우리는 지하철에 앉았지요.

아이는 잠에서 덜 깨어 어리둥절하고 멍했습니다. 어딘가에 기대고 싶었을까요. 평소 말다툼이 잦던 아빠 어깨에 기대어 눈을 감네요. 나는 찰나의 순간을 놓칠세라 카메라에 그 장면을 담았습니다. 저 장면을 한

동안은 보기 힘들 것 같다는 생각이 들었기 때문이지요.

중2 아이들은 이유도 없이 부모에게 반감을 갖습니다. 자기 스스로 독립하기 위해 반드시 거쳐야 하는 수순입니다. 자신이 하려던 것도 부모가 권하면 안 하는 게 사춘기 아이들입니다. 그러니 얼마나 귀한 순간을 포착한 것인가 싶었지요. 아이는 부모에게서 독립하고 싶어 하면서도 힘들 때 기대고 싶어 합니다. 이랬다저랬다 갈팡질팡하는 모습에 부모는 힘이 듭니다. 순한 것 같다가도 어느 순간 폭격기처럼 공격을 퍼부어 댈 때는 아무리 우리 아이지만 감당하기 힘듭니다. 그럼에도 아이가 기대 올 때 가슴이 훈훈해지는 것이 또한 부모입니다. 평소 자주 싸워서 어색해하던 딸아이에게 남편은 순순히 어깨를 내주었습니다.

어두컴컴한 길, 처음 가보는 낯선 풍경을 보며 우리는 산에 올랐습니다. 서로 손을 잡기도 하고 등을 밀어주기도 했습니다. 이 순간만큼은 중2의 까칠함도 두렵지 않았습니다. 그저 함께 한 방향을 보고 가고 있음에 감사할 따름이었지요. 이런 한해의 마지막을 주려고 이 길을 택했나 싶을 정도로 간만의 훈훈한 광경이었습니다.

산 정상에 올랐습니다. 아무리 기다려도 해는 보이지 않았습니다. 주변은 이미 환해진 지 오래였지요. 이미 해는 저쪽 어디 구름 뒤에서 밝게 빛나고 있는 것 같았습니다. 보이지 않는 해였지만 우리는 경건한 마음으로 올 한 해를 감사했습니다.

아이와 걷는 길이 안개가 자욱해 앞이 보이지 않을 수 있습니다. 잔뜩 흐려서 진짜 해가 있는 건지 의심스러울 때도 있을 거예요. 도대체 이

끝이 있긴 한 건지 두렵기도 할 것입니다. 부모는 아이를 잃고 싶지 않은 욕심이 크기에 더 무섭지요. 아이도 부모에 대한 미안함과 독립심이 내면에서 힘겨운 싸움을 할 겁니다. 하지만 우리는 해를 보지 못했지만 언제나 그곳에서 찬란히 빛난다는 것을 배웠습니다. 우리가 알아채지 못했을 뿐 해는 이미 환하게 주위를 밝힙니다. 아이의 중2 또한 그렇게 지나갈 것입니다. 때로는 부딪히고 깨질 거예요. 어쩜 저런 아이가 있을까 하고 경악할 수도 있습니다. 두렵고 무서울지도 몰라요. 하지만 아이는 보이지 않는 곳에서 열심히 성장해 나갈 겁니다. 보이지 않는다고 성과가 없는 것은 아니지요. 그 보이지 않는 성과를 믿어주는 부모가 되어야겠다고 다짐합니다.

　내려오는 길, 비록 일출은 보지 못했지만 몸이 따뜻해지는 느낌이 들었습니다. 이미 햇살은 우리 곁에 훈훈하게 빛을 비추고 있었으니까요. 아이가 힘들다며 손을 내미네요. 우리는 그 손을 힘껏 잡아주었습니다.

오호통재라!

"과학 숙제가 여섯 개나 있어. 으하~"

저녁 산책을 하며 아이가 머리를 쥐어뜯습니다. 지난번부터 과학 숙제 많다고 구시렁거리네요. 몇 번의 주말이 지났는데 여전히 숙제는 여섯 개였습니다.

"숙제 언제까지인데?"

도대체 마감 기한이 언제까지인데 그러는지 궁금한 생각이 들어 아이를 바라보며 물었습니다.

"내일까지?"

벌써 시계는 9시 반을 가리키고 있었어요.

'오호통재라!'

한마디 거들었다가는 잔소리가 길어질 거 같아 아무 말 없이 집 안으로 들어왔습니다. 아이는 아이 방으로 나는 안방으로 각자 흩어졌지요.

"엄마 두꺼운 펜 있어? 지난번에 친구가 수행평가를 해왔는데 진짜 깔끔하게 잘 해왔더라. 나도 이번 수행평가는 정성을 들여서 해 보고 싶어. 그 친구처럼 잘하고 싶어"

'진작에 정성을 들일 노릇이지'라는 마음의 소리가 울렸지만, 또 한 번 꾹 참았습니다.

서랍 속에 있는 볼펜을 찾아 헤매다 아이는 이것저것 펜을 들고 다시 자기 방으로 들어갔어요.

"아함~ 졸려. 자야겠다."

시계를 보니 11시 반입니다. 이를 닦고 자려고 화장실에 가다가 아이 방을 슬쩍 바라봤습니다. 아이는 두꺼운 종이 위에 글씨를 이리저리 연습하고 있었어요. 1시간 넘게 방에서 앉아서 뭘 했나 봤습니다. 숙제 자료를 찾기는커녕 글씨체를 연습하고 있네요.

"너무 늦지 않게 자. 그 속도로 하다가는 날 새겠다. 내일 학교 가야 하니까 적당히 해."

신경 쓰지 않는 척하다가 잠이 들어설까요? 새벽녘 환한 불빛에 눈이 떠졌습니다. 2시 반이에요. 아이 방에는 아직 불빛이 환히 비치고 있었습니다.

"딸아, 2시 반이다. 이제 그만 자야지. 멀었니?"

"거의 다 했어. 여섯 문제만 풀면 돼. 칠판에 나와서 문제 푸는 게 있는데 그거 걸리면 잘 풀어야 하거든. 열심히 연습해야 내일 잘하지."

매번 이런 상황에서 잔소리를 합니다. 미리 했어야지 진작에 왜 안 했느냐. 아이를 윽박지르다가 끝이 났지요. 오늘만은 새벽에 굳이 감정을 올리고 싶지 않았습니다.

"대견하네. 숙제를 이 시간까지 열심히 하다니 수고가 많다. 우리 딸. 마무리하고 어여 자."

마음속과 다른 말을 건네며 나도 약간 머쓱해졌습니다. 사실 마음속과 다른 말이 아니었습니다. 너무 솔직한 내 마음이 들통나서 쑥스러웠던 거지요. 실상 끝까지 해내는 아이가 대견하면서도 마음에서 늘 삼켜버렸던 그 말이었습니다. 새벽 기운을 더해 나도 모르는 사이 진심이 불쑥 튀어나왔습니다.

'띠리리리 띠리리리'

7시입니다. 출근을 위해 일어났습니다. 3시가 다 돼서 잤을 녀석이 안쓰러워 방을 슬쩍 바라봤어요. 아이는 깊은 잠에 빠져 아주 한밤중이네요. 가방을 슬쩍 열어봤습니다. 돌덩어리를 넣어놓은 것처럼 무겁습니다. 가방 가득 책과 수업용 패드가 가지런히 정리되어 있습니다. 이 무거운 가방을 메고 다니면 얼마나 어깨가 아플까 싶었습니다. 가방 속 파일 안에는 새벽 내내 정성 들여 했을 숙제가 네 장 담겨있었어요. 첫 장에 고쳐 쓴 부분은 한 단어였습니다. 두 번째, 세 번째 장으로 갈수록 틀린 글자를 고쳐 쓴 흔적이 늘어났네요.

'짜식, 화이트도 없나. 깔끔하게 쓴다더니 틀린 글자투성이네.'

오는 길에 수정펜이나 한두 개 사 와야겠다고 생각하며 출근 준비를 서둘렀습니다. 환한 아침 햇살이 아이 얼굴에 드리웠습니다. 아이가 얼굴을 살짝 찡그리네요. 얼른 커튼을 치고 슬며시 문을 닫고 나왔습니다.

가방을 슬쩍 열어봅니다

돌덩어리를 넣어놓은 것처럼 무겁습니다

이 무거운 가방을 메고 다니면

얼마나 어깨가 아플까 싶었습니다

남매의 힘

"엄마, 나 갑자기 배가 너무 아파. 배가 찢어질 것 같아."

외갓집에 간다고 들뜬 게 문제였습니다. 너무나 오랜만의 여행에 우리 모두 흥분한 모양입니다. 아이가 슈퍼에서 마이쭈 한 통과 초콜릿을 집어 들었을 때 그것을 허락하고 만 나의 잘못도 있었지요. 외갓집에 가면 정말 심심하거든요. 시골집에서 아이들이 할 수 있는 건 아랫집 걱정 없이 마음껏 뛰고 누워서 뒹굴뒹굴하는 것뿐이니까요. 문명의 이기가 아직 닿지 않은, 둘러봐도 논뿐인 시골 마을은 한적하고 조용했습니다. 할머니와 할아버지는 조용했고 엄마는 청소며 밥하기에 바빴으니까요. 아이들이 할 일이라곤 누워서 주전부리를 먹는 게 다였지요. 오랜만에 외갓집에 온 엄마가 인심 좋게 허락한 간식들이 아이들의 유일한 행복이 되어줍니다. 심심하단 핑계로 몰래 휴대폰을 숨겨서 게임을 하다가 엄마와 눈을 마주치면 싱긋 웃으며 할머니 곁으로 다가가지요. 그렇게 무료하게 하루를 보내며 아이가 이것저것 많이 먹은 모양입니다. 평소에도 위가 약해서 아이스크림과 찬 음료만 먹어도 설사하는 아이였거든요. 초콜릿에 아이스크림, 과자, 마이쭈까지 먹고 배탈이 안 나는 게 이상하지요. 아이는 의자에 쭈그리고 앉아 꿈쩍하지 않습니다. 바닥에 편안하게 누워보자고 하였지만 건드리지 말라는 말만 하네요. 아이가 아프니, 나도 신경이 날카로워졌습니다. 몇 달 만에 친정에 와서 엄마 아빠 걱정을 시키는 것도 미안했고요. 식은땀을 연신 흘리는 딸아이를 보니 스트레스 지수가 상승했습니다. 이상하게 아이가 아프면 머리가 멈추는 것 같습니다. 어떤 판단도 미루고 싶은 생각이 듭니다.

맹해지는 나를 보며 남편은 인상을 씁니다. 자기가 분명히 딸아이에게 아이스크림은 먹지 말라고 탈 난다고 다섯 번이나 말했다는데요. 태연하게 아이스크림을 끝까지 먹더니 이 사달이 났다며 화가 잔뜩 났습니다. 딸이 아파서 속상한 건 알겠는데, 본인이 화낼 일은 아니잖아요. 어차피 일어난 일이고 다시 되돌릴 수도 없는데요. 남편은 있는 대로 인상을 쓰더니 소리를 꽥 지릅니다.

"그러니까 아이스크림 먹지 말라고 했어, 안 했어. 바보 같이 먹지 말라는데 계속 먹더니, 꼴 좋다."

자신이 그토록 극혐하던 아버지의 모습을 닮았습니다. 아이가 아프면 돌보고 편안하게 해야 할 텐데 오히려 화를 내고 찌푸립니다. 자기는 아빠랑은 전혀 다르다고 호언장담하더니 안 좋은 일이 생기면 부모님께 배운 그대로 행동해요. 전혀 나을 게 없지요. 남편이 화를 내니 정신이

번쩍 듭니다. 이 상황에서 내가 아이를 돌봐야겠다는 생각이 난 것이지요. 고통이 있을 때마다 회피를 택했던 내 뒤통수를 누가 세 개 후려친 것 같습니다. 정신을 차리고 남편을 말렸습니다. 아픈 아이에게 윽박이 무슨 소용이 있냐며 진정시키고 아이를 봤지요.

아이는 눈물에 땀 범벅이었습니다. 아픈 것도 힘든데 아빠에게 욕까지 먹고 나니 눈물이 주르륵 흘러내렸지요. 할머니도, 할아버지도 어떻게 하냐며 난감한 표정입니다. 딸아이 배를 만져주겠다고 해도 아파서 움직이지도 못하겠다고 합니다. 혹시 몰라 맹장이 터진 것인지 확인하기 위해 누우라고 해도 아이는 의자에 앉아 꿈쩍도 안 했습니다. 그저 아이가 자신이 움직이는 것을 허락할 때까지 기다릴 수밖에 없었지요. 다시 회피 본능이 발동한 나는 아이를 기다리며 핸드폰 화면으로 눈길을 돌렸습니다. 어차피 내가 해줄 수 있는 것이 없었으니까요.

"누나, 괜찮아?"

정적을 깨트린 것은 아들의 목소리였습니다.

"누나, 불편할 텐데 양말 벗을래?"

누나의 발을 살포시 들어 양말을 벗겨줍니다.

"누나, 의자에 기대."

할아버지가 급하게 꺼내 준 한방 소화제를 까서 누나 입에 넣어줍니다. 컵에 물을 받혀 누나가 잘 마실 수 있게 컵도 들어주고요. 이동하고 싶으면 자기 팔을 잡으라고 손을 내밀어 줍니다.

"너 아플 때 누나는 너 신경도 안 쓰던데 너 누나한테 그러지 마. 뭔

이쁜 짓을 했다고."

아빠가 또 큰소리를 지릅니다.

"누나 챙기는데 왜 그래. 자기는 챙기지도 않으면서."

누워서 인상만 쓰고 있는 남편이 마음에 들 리 없는 나도 냅다 소리를 질렀지요. 그런 우리를 말리는 일 또한 아들의 몫입니다.

"아빠는 자. 스트레스받아서 화내지 말고 어서 눈 감아. 엄마는 인상 펴고. 이렇게 우리 가족이 붕괴되면 어떻게 해."

아이는 금방이라도 눈물이 쏟아질 거 같았지만 꾹 참습니다. 아빠를 다시 눕히고 이불을 덮어주었습니다. 내 앞에서 귀여운 춤을 추면서 인상을 펴라하네요. 그러면서 배 아파 인상 쓰고 있는 누나를 살폈습니다. 아이가 진땀이 나도록 왔다 갔다 하는 걸 보며 할아버지가 한마디 보냈습니다.

"아이고 저 녀석 보통 아니네. 누나 돌보는 거 보니까 의사가 되면 좋겠다."

아이 덕분에 분위기가 한결 부드러워졌습니다. 나는 왜 아이가 아픈데 자기가 화를 내는지 남편이 이해되지 않았고요. 남편은 아이가 동생에게 극진한 대접을 받는 게 마음에 안 든 모양입니다. 하지만 아들 때문에 그 불만을 누를 수밖에 없었습니다. 아이가 가족이 붕괴한다고 느끼는 건 곤란하니까요. 여기서 누구라도 한마디를 하면 아들이 욱하고 터질 것만 같았거든요. 아이에게 그런 두려움까지는 주고 싶지 않았습니다.

할머니가 부랴부랴 아이 손가락을 따주자고 했습니다. 바늘을 본 중 2 딸아이는 눈물을 흘리며 기겁합니다. 부들부들 떨며 차라리 응급실에 가겠다고 하네요. 바늘이 손가락을 뚫고 나오는 걸 보고 싶지 않다며 울었습니다. 아이의 엉뚱한 상상에 우리는 모두 한바탕 웃었습니다. 분위기가 유해진 틈을 타서 아이 등을 어루만져 주다가 할머니가 살짝 손가락을 따주었습니다. 너무 살짝 따서 피 한 방울도 나오지 않았지만요. 두려워 떨고 있는 누나의 눈을 가려주고 안아준 것은 동생이었습니다. 괜찮다며 다독이다가 누나가 웃을 수 있게 재미있는 농담을 건네며 팔을 주물러 주었습니다.

그렇게 온 가족이 딸아이의 아픔을 울고 웃으며 이겨낸 지 2시간이 지났습니다. 딸아이의 겨드랑이가 다 땀에 젖을 만큼 아픔을 발산해선지 우리는 모두 지쳤습니다. 더 이상 나아지지 않을 것 같아 응급실에 가자고 했습니다. 잠시만 기다려보라던 딸아이가 드디어 동생의 부축을 받아 움직였습니다. 그러더니 맹장 터진 걸 확인하자며 눕혀보는 동생의 손에 따라 눕더군요. 왼쪽 다리를 들고, 오른쪽 다리를 들더니 환하게 웃습니다.

"안 아파. 갑자기 아무렇지도 않아."

트림을 해선 지, 방귀를 뀐 건지, 아플 만큼 아픈 건지 모르겠지만 아이는 멀쩡해졌습니다. 우리는 모두 다행이라며 손뼉을 쳤습니다. 그리고 생각했지요. 동생의 정성과 위트가 누나를 살렸다고요. 누구보다 가장 멋지고 늠름하게 이 아픔을 겪어내게 도와준 아들을 위해 힘껏 박수를 쳐 주었습니다. 딸아이도 동생을 향해 방긋 웃어주었습니다.

"초록 식물들 있잖아. 그냥 두면 별 변화가 없다. 가지치기하던지, 잎을 잘라주면 그 상처를 낫게 하려고 엄청 자라. 그래서 일부러 가지를 쳐 주는 거야. 식물이 잘 자라게 하려고."

요즘 한창 식물 기르기에 재미를 붙인 나에게 언니가 들려준 말이 생각났습니다. 매일 투닥거리고 싸우고 원망만 해서 원수들을 낳은 줄 알았는데 웬걸요. 이렇게 힘들 때 기대고 힘이 되어주는 걸 보니 얼마나 든든하던지요. 정말 남매를 안 낳았으면 어쩔뻔했을까 하는 생각이 스쳤습니다.

"누나, 왜 이렇게 이기적이야. 내가 먼저 했는데 누나가 내 꺼 가져가면 어떻게 해."

"내가 먼저 그렸잖아. 너는 네 꺼 하면 되지 왜 나한테 시비야."

집에 돌아와 그림을 그리며 남매가 투닥거립니다. 투덜대는 소리를 들으니 일상으로 돌아왔다 싶네요. 다른 때 같으면 그만 싸우라며 소리를 질렀을 텐데, 오늘은 하지 않으렵니다. 저렇게 투닥거리다가도 어려움이 생기면 서로 의지하며 손을 잡아줄 걸 아니까요. 딸아이가 아팠던 그날처럼요.

멋진 GIRL

"엄마 이번 달 용돈을 왜 안 주는 거야. 나 용돈 필요한데."

아이가 퉁명스러운 얼굴로 물었습니다.

"요즘에 이사하느라 돈을 많이 썼어. 용돈 잠깐 안 주면 안 돼? 너 어차피 용돈 쓰지도 않잖아."

"아니야. 나 용돈 필요해. 학교 매점에서 간식 사 먹어야 해."

아이는 나에게 바짝 다가앉으며 말했습니다. 이상했습니다. 아이가 학교에서 함께 다니는 친구가 없는데 매점에 간다니요. 혼자서 매점에 갈 리도 없는데 이상한 생각이 들어 물었지요.

"매점을 누구랑 가?"

"나 혼자. 혼자 가서 사 먹는데."

나는 속으로 깜짝 놀랐습니다. 겉으로 표시는 안 했지만 정말 대단하다고 생각했습니다. 친구 관계에 민감하고 누구랑 친한지에 가장 관심이 많을 나이인 여중생이 혼자 매점에 가서 간식을 혼자 먹는다니요. 나로서는 상상도 못 할 일이었습니다. 아이는 용돈이 필요하다는 말을 몇 번이나 했지만, 그 이후의 이야기는 내 귀에 들어오지 않았습니다. 그저 저런 단단함은 어디에서 나올까 하는 생각만 들었지요.

　물론 사랑을 많이 주긴 했지요. 친구를 만나는 대신 가족과 정말 많은 시간을 보냈어요. 어려서부터 직장도 휴직하고 아이를 키웠으니까요. 아이가 다섯 살 때까지 나와 정말 많은 시간을 함께 보냈습니다. 늦게 결혼해 아이를 키우는 게 재미있었습니다. 엄마표 놀이로 블로그를 운영할 만큼 아이와 집에서 놀이도 많이 했어요. 어린아이를 데리고 여행도 정말 많이 갔습니다. 다 기억하지는 못할지라도 아이 정서에 남을 거라는 믿음이 있었으니까요. 부모와 라포르(Rapport)가 잘 형성된 아이는 친구 관계에서 문제가 없다는 이야기를 믿었기에 우리 가족은 함께하는 시간이 많았습니다.

　초등학교에 입학한 후에 친구들이랑 어울리는 시간을 뺏는 게 아닌지 걱정도 했지만, 가족이 함께하는 문화는 크게 바뀌지 않았습니다. 나에게 부족했던 사랑을 아이에게 모두 부족함 없이 주려고 노력했지요. 그래서였을까요. 아이는 어느새 나보다 단단한 사람으로 자라난 것 같아 신기하고 놀라웠습니다. 나는 혼자 밥을 먹고 간식을 사는 일이 덜 민망해진 게 몇 년 되지 않았기 때문입니다. '저 애는 친구도 없나 봐. 인간성 나쁜가 봐'라는 평가를 받을까 봐 불편한 자리도 마다하지 않고 참석했고요. 친하지 않은 사람과 어떻게든 공감대를 형성하려 했지요. 그러다가 문득 나를 이용하려는 사람들 때문에 외롭기도 했습니다. 아이는 도대체 이런 감정을 어떻게 이겨내고 있는지 신기하고 놀라웠습니다.

"학교생활은 어때?"

아이에게 물어야겠다 싶어 계속 얘기를 이어갔습니다.

"학교는 재미있지."

무엇이 재미있을까요. 친구랑 함께 매점에 가고 재잘재잘 수다 떠는 기쁨도 없는데, 아이는 학교가 재미있다고 했습니다. 그러면서 과목 시간에 있었던 일들과 선생님과의 일화를 들려주었습니다. 키우면 키울수록 신기한 구석이 많아지는 아이입니다. 내가 한 번도 느껴보지 못한 감정들을 이야기해 줄 때면 놀라움을 금치 못합니다. 친구가 없지만 수업 시간이 즐겁고, 느리지만 선생님이 알려주는 원칙을 다 지키는 아이는 나와 정말 달랐습니다. 남편에게 물어보니 자신의 기질을 많이 닮았다고 하더군요. 낯설고 신선했습니다. 놀랍고 대단했습니다. 아이의 기질에서 걱정되는 부분이 없는 것은 아니었지만 저렇게 단단한 아이라면 잘 자랄 거란 믿음이 있었지요.

"학교가 재미있다니 좋다. 친구 문제는 너무 고민하지 마. 내가 너희 반이라면 너 같은 친구 너무 좋을 거 같아. 착하고 얘기도 잘 들어주고 좋잖아. 엄마같이 생각하는 친구가 반드시 있어. 시간이 해결해줄 거야."

나는 아이에게인지 나에게인지 모를 말을 나지막이 들려주었습니다. 아이는 고개를 끄덕이며 언젠가 자신에게 올 멋진 친구를 그려보는 듯 희미한 미소를 지었습니다.

그런데 문제는 우리 둘이 아니었습니다. 바로 자신의 기질을 닮은 아이를 지켜보며 애달파 하는 남편이었지요. 남편은 자신과 똑같이 경계성에 있는 아이가 불편했나 봅니다. 친구들 사이에 끼고 싶으면서도 스스로 나는 저 무리와 어울리지 않는 백조라고 생각하는 아이가 못마땅했나 봐요. 자기 모습이 투영되는 것 같았겠지요. 아이에게 사사건건 잔소리를 해 댔습니다.

"그렇게 느려서 뭘 어떻게 하려고 그래. 생각을 해야 할 거 아냐. 눈치가 있어야지. 나처럼 살까 봐 걱정이다, 진짜."

입만 열면 쏟아지는 아빠의 잔소리에 아이는 눈물을 보였습니다. 자신보다 나아지기를 바라는 남편의 바람이 아이를 아프게 찔러대고 있었지요.

"나는 아빠랑 다른데 왜 나를 아빠랑 같다고 생각하는 거야. 나는 아빠랑 다르게 살 거야."

아이가 울면서 아빠에게 말을 건넸지만, 남편의 잔소리는 달라지지 않았습니다.

"당신 잠깐 이리 와봐. 나랑 얘기 좀 하자."

나는 진지한 얼굴로 남편을 불렀습니다.

"당신은 우리 딸을 한심하게 보는 것 같아. 자기 모습에 빗대어서 가능성을 계산해. 그런데 아이가 맨날 그러잖아. 자기는 아빠랑 다르다고. 아이 말이 맞아. 당신을 닮았지만 다른 존재야. 그런데 왜 그 틀을 벗어나지 못해. 부모가 못났다고 생각하는 아이를 누가 좋게 생각하겠어. 부모가 가능성을 제한하는 아이가 어떻게 맘껏 자라."

남편은 몇 번이나 들었던 나의 잔소리가 또 시작이구나 싶어 인상을 찌푸립니다.

"알아. 나도 아는데 답답해서 그런다. 나아질 기미가 안 보이니까. 나 같아서 그래."

남편은 정말 아이가 잘되길 바라는 사람입니다. 자신과 비슷한 기질을 가졌기에 더 안쓰럽고 정이 가겠지요. 자신의 한계를 넘어서길 바랍니다. 그러나 그런 자신의 욕심이 잔소리가 되어 오히려 악영향을 준다는 것을 모르는 모양입니다. 아니 알면서도 잘 고쳐지지 않는 거겠지요. 못 고치는 게 아니라 욕심을 못 놓는 건지도 모르겠습니다.

"부모가 사랑으로 바라본 아이, 귀여워하는 아이에게서는 사랑스러운 빛이 나. 아이를 한심하게 바라보는 부모 밑에서 가능성을 키울 수 있는 아이는 없어. 제발 우리 딸 비난을 멈춰. 아이는 아이 기질대로 멋지게 자라날 거야. 우리보다 단단한 아이야. 우리보다 사랑받고 자라서 흔들리지 않는다고. 당신이 걱정하는 건 알겠는데 아이를 조금 더 긍정의 시선으로 바라봐 줘."

남편은 알겠다고 고개를 끄덕입니다. 내 잔소리를 멈추고자 함인지 자신의 마음에서 깊이 있는 깨달음이 왔는지는 모르겠습니다. 하지만 남편이 아이에게 잔소리를 멈추지 않는 한 나의 잔소리도 계속되겠지요.

새벽녘 아이 방에 불이 켜져 있습니다. 새벽 1시가 넘어가는 시간이에요. 아이는 도대체 무엇을 하고 있을까 슬쩍 방안을 들여다봤습니다. 아까 낮에 하지 못했던 숙제를 하고 있네요. 또 책을 읽느라 시간을 놓쳤나 봅니다. 안 자냐고 물으니, 씻어야 하고, 가방도 싸야 하고, 발 각질 정리도 해야 한다네요. 제발 일찍 자라고 몇 번이나 말했지만 듣는 둥 마는 둥 합니다. 정말 아빠를 닮았나 봅니다. 어지간한 잔소리에는 끄떡도 안 하고 자기 생각대로 밀고 나가니까요.

아이가 늦게 자는 게 걱정스럽긴 하지만 한편으론 대견한 생각이 듭니다. 자기가 해야 할 일을 끝까지 해내니까요. 틈만 나면 책을 읽느라 잘 시간을 놓치는 아이지만 사랑합니다. 중학교 2학년이라고 하기엔 너무 성실하고 바른 아이이지요. 아이에게 잔소리 대신 엄지척을 조금 더 많이 해줘야겠습니다. 대견하다는 속내를 자주 표현해 주려고요. 아이는 그렇게 자기만의 색깔과 방향으로 잘 자라고 있습니다. 나만 잘하면 됩니다. 아이보다 단단하지 못하고 눈치만 보는 나는 이리저리 흔들리겠지요. 그때마다 아이가 자신의 갈 길은 이쪽이라고 나를 잡아줄 것 같습니다. 아이의 든든한 눈동자를 보며 어서 자라고 한마디 툭 던지고 잠자리에 듭니다.

사춘기 맞거든요

"엄마 나는 왜 사회화가 덜 되었을까? 다른 아이들은 초등학교 입학하면서부터 부모님이랑 따로 잤다는데 우린 안 그랬잖아. 나는 다른 친구들보다 경험이 더 적어. 사춘기도 이렇게 안 오잖아."

중2 딸아이가 투덜댑니다. 기가 막힙니다. 몇 번이나 지금 네가 바로 사춘기라고 얘기해줬는데요. 아이는 받아들이지 않습니다. 사춘기인데 엄마가 여전히 좋으니 이상하다는 겁니다. 엄마랑 관계가 좋은 사춘기가 있을 수 있다고 하면 말도 안 된대요. 자기 친구들은 부모님이랑 외출도 대화도 안 한답니다. 우리 가족이 너무 사생활을 존중 안 해서 자기 공간이 제대로 사수가 안 된다며 불만이 가득합니다. 누가 이 광경을 본다면 분명히 사춘기 아이와 엄마의 대화라고 판단하고도 남을 텐데, 아이는 절대 받아들이지 않습니다. 그러면서 사춘기를 기다립니다. 마치 사춘기가 자신에게 커다란 변화를 불러일으킬 것이라 생각하는 듯합니다. 친구들과 함께 지내는 방법도 알려주고 공부도 더 잘할 수 있게 도와주고요. 혼자서 해나갈 일을 만들어 줄 거라 기대하는 것 같습니다. 글쎄요. 아이가 그렇게 기대하는 사춘기라면 평생 오지 않을 거 같은데 어쩌죠.

아이의 이런저런 말을 들으며 답답한 마음이 듭니다. 아니 답답함을 넘어서 징글징글하네요. 사춘기 아이에게 사춘기가 왔노라고 자신의 변화를 이해시키고 수용하는 것도 이렇게 어려우니까요. 뭐가 쉽겠어요. 아이는 사사건건 자기 고집을 부립니다. 세상을 손톱만큼이나 경험해 봤을까요. 경험도 없는 아이가 주변 친구들이 어설프게 이야기하는 것을 믿고, 그것이 세상 진리인 양 생각합니다. 물론 엄마인 나도 아이보다 경험이 조금 더 있는 정도입니다. 그 경험을 살려 도움이 되려고 책도 보고 공부도 하면서 조언해 주지만 소용없습니다.

"요즘은 안 그래. 엄마는 알지도 못하잖아."

아이에게는 매번 이런 대답이 돌아옵니다. 맞습니다. 세대 차이가 나겠지요. 요즘 아이들은 워낙 정보가 많으니까요. 새로운 것을 받아들이는 속도도 훨씬 빠르고, 생각의 전환도 잘 되겠죠. 그 속도를 따라갈 수 없다는 건 인정합니다. 하지만 내 모든 생각이 구시대의 뻔한 스토리로 오해받는 것은 기분 좋은 경험은 아닙니다. 물론 아이에게는 구태의연한 잔소리로 들릴 수 있겠지요. 그래도 엄마에게 말 안 하고 꼭꼭 숨기는 것보다는 낫다고 위안합니다. 하지만 아이의 고집스러운 태도와 내가 말만 하면 그건 아니라고 단언하는 말투는 참기가 힘듭니다.

"그럴 거면 뭐 하러 나에게 말을 하니. 나는 알지도 못하는데."

불쑥 내뱉어 놓고 후회를 합니다. 아무리 용량이 딸리는 엄마라 참을성이 없더라도 참고 들어줬어야 했습니다. 나 또한 아이에게 내 생각을 강요하고 고집스럽게 주장한 것은 아니었나 후회가 됐습니다.

'내가 먼저 들어줬으면 됐을 텐데. 그걸 못 참고 잔소리를 하니까 아이도 반항할 수밖에 없잖아.'

다음번에 아이가 말을 걸어왔을 때 지금보다는 1%라도 나아질 수 있었으면 좋겠다는 바람과 함께 자체 반성의 시간을 마쳤지요.

"미안해. 엄마가 말이 너무 심했지. 우리 딸이 말하는 걸 들어주고 공감해줬어야 하는데. 미안~"

스트레스가 머리끝까지 차올랐던 대화는 아이를 꼬옥 껴안아주며 겨우 끝났습니다. 다음번에 이런 대화를 또 하게 되면 나는 그때 아무 말도 안 하고 아이의 말을 경청할 수 있을까요. 의심만 남긴 채 대화는 중지되었습니다.

온실 속의 화초라는 말이 있습니다. 이 말의 뜻을 내가 깊이 깨닫게 된 것은 바로 식집사가 되고 나서입니다. 길가에 피어있는 빨간 장미와 우리 집 화분의 노란 장미는 같은 장미였습니다. 만 원이나 주고 산 노란 장미는 단독으로 넓게 지낼 수 있는 화분으로 분갈이도 해주고, 영양제도 2~3번이나 넣어주었어요. 수시로 창문을 열어 환기도 해주었지요. 우리 집에서 가장 볕이 드는 곳에 두었답니다. 그런데 이상하게도 장미가 자라질 않았습니다. 잎이 하얗게 변하더니 벌레까지 생기더라고요. 매일 사랑한다고 말해주고, 잎을 만져주었지만 소용없었어요. 상태는 더 악화할 뿐이었습니다.

길가에 있는 빨간 장미는 달랐습니다. 봉우리가 졌나 싶었는데 바로 다음 날 꽃을 피웠습니다. 시들어가는 노란 장미를 보며, 안 되겠다 싶어 아파트 화단에 옮겨 심었습니다. 물을 주고 햇볕이 잘 드는지 오며 가며 확인했지요. 장소가 바뀌어 몸살을 겪을 법도 했지만 우려와 달리 며칠 후 꽃이 환하게 피어났습니다. 새로운 봉우리도 꽃피울 준비를 하더군요. 잘 옮겼다는 생각이 들었습니다. 아무리 사랑을 주고 돌봐준다 한들 베란다에서는 안 되는 거였습니다.

내 아이도 저랬겠구나 싶습니다. 아무리 내가 사랑을 준다고 한들, 울타리 안에만 가둬두면 안 되는 것이었습니다. 아이가 밖으로 나가 거센 바람도 맞아보고 비에도 흠뻑 젖으며 자생력을 길러야 튼튼해지겠지요. 내 기준에서 아무리 돌봐준다고 해도 온실 속에서는 강하게 자랄 수 없으니까요.

"너는 어떻게 하고 싶어?"

아이에게 물었습니다. 아이는 달라진 말투에 흘낏 나를 바라봅니다. 그러면서 사실 잘 모르겠다고 하네요. 어떤 게 옳은지 어느 방향으로 나아가야 할지 감이 안 온대요. 나는 아이 손을 꼭 잡습니다.

"엄마도 서툴지만 곁에 있어 줄게. 네가 하고 싶은 대로 해봐. 실수하고 실패하면 어떠니. 괜찮아. 다만 선택할 때 신중하고 그 선택에 대해서 네가 책임질 힘을 기르면 되는 거야."

아이가 나를 보며 방긋 웃습니다. 아이의 미소가 내다심은 노란 장미의 화사함을 닮았습니다.

다음번에 아이가 말을 걸어왔을 때
지금보다는 1%라도 나아질 수 있었으면 좋겠다는
바람과 함께 자체 반성의 시간을 가졌습니다

어른이 된다는 것

　오늘따라 이상합니다. 다른 날과 비슷한 하루였는데요. 왠지 기운이 빠지고 '내가 지금 잘하고 있는 건가?'라는 의문이 생기려고 합니다. 이렇게 한번 의문이 생기면 머리가 복잡해집니다. 왜 열심히 해도 안 되나 싶어서 마음이 가라앉으니까요. 노력한 것만큼 성과를 확인하고 싶어하는 나였는데요. 세상은 그렇게 호락호락하지 않습니다. 열심히 해도 내 마음대로 안 되잖아요. 아직 때가 오지 않은 것이라고 겨우겨우 마음의 욕심을 다 잡으며 위로했지만, 문득 그럴 필요가 있나 하는 생각이 들었습니다. 노력한다고 해도 크게 달라질 건 없는 거 아닌가 싶었죠. 이상하다 싶어 하루 일과를 돌아보니 문득 든 생각이 아니었습니다. 머리가 복잡한 이유가 있었습니다.

　"여보, 새 책을 써보려고 하는데 이런 컨셉 어떨까?"

　어젯밤 새 책에 대한 구상안이 떠올랐습니다. 이것저것 자료를 찾아

보고 공저자인 언니에게 새벽에 전화를 걸어 의향을 물었지요. 언니는 컨셉이 괜찮다며 진행해 보라고 했습니다. 책의 컨셉을 잡을 때 가장 많은 에너지가 필요합니다. 세상에 없는 새로운 것이 창조되는 순간이니까요. 대략의 목차를 잡고 조심스레 남편에게 물었습니다. 늘 글을 쓰면서 '이 글이 될까?', '사람들이 필요로 할까?'라는 고민을 거듭하거든요. 첫 번째 독자로 남편을 택한 것입니다. 가장 가까운 사람이니까요.

"이런 건 안 되지. 누가 이런 책을 읽어. 너무 어렵잖아. 머리 아파. 안돼."

남편의 첫마디였습니다. 내가 이렇다 저렇다 설명할 필요도 없었지요. 목차를 대충 훑어본 남편은 생각나는 대로 마구 질러댔습니다. 묻기 전 그 분야의 책이 많지 않았던 것을 확인 한 나로서는 '정말 그런 걸까?' 하고 고민이 깊어졌습니다. 마음이 착 가라앉은 이유였습니다. 내 마음의 무거움의 이유를 알았으니 털어내야지요. 나는 다짜고짜 남편에게 전화를 걸었습니다.

"당신, 내 아이디어를 어떻게 한 번에 안 된다고 이야기할 수 있어? 내가 해보겠다는데 어떻게 무시하는 말을 그렇게 해. 가족이잖아. 아버님이 어려서부터 그렇게 '너는 안된다', '부족한 놈이다'라고 말해서 스트레스받았다면서. 아버님이 아직도 용서가 안 된다면서. 그런 당신이 나한테 그래? 가족이 뭐니? 가장 북돋워 주고 응원해야 하는 게 가족 아니야. 빨리 사과해."

화가 머리끝까지 올라 씩씩거리는 내 소리에 남편은 당황한 듯 보였습니다. 아무 말도 하지 않고 가만히 있더군요. 자가가 잘못했다고 느껴선지 내 격한 공격 때문인지, 한참 동안 침묵이 흘렀습니다.

"미안, 나는 가족이니까 객관적으로 말해준 거야. 당신 위해서 그랬어."

"안 그래도 지금 하는 일이 잘 안돼서 기죽어 있는데 그게 할 소리야. 이번뿐만이 아니잖아. 내가 뭔가 한다고 했을 때 매번 그건 안 된다고 했어. 당신 도대체 왜 그래. 실패할 것 같아도 응원해주고 잘할 수 있다고 해줘야지."

씩씩거리며 몰아붙이는 내 공격에 당황한 남편은 미안하다는 말을 얼버무리며 전화를 급하게 끊었습니다.

나는 가라앉지 않는 마음을 다스리고자 요가를 갔습니다. 선생님의 말간 얼굴과 고요한 목소리를 들으면 마음이 평안해질 것 같았거든요. 늘 자신이 가진 조건에서 남과 비교하지 말고 할 수 있는 만큼만 하면 된다는 선생님의 말씀이 위로가 되었거든요. 아니나 다를까 단순한 나는 금세 평온한 감정을 되찾았습니다. 그리고 문득 한 사람이 떠올랐지요.

"엄마 오늘 정말 화나는 일이 있었어. 우리 반 친구가 나보고 키 작다고 스머프 같다고 하더라. 너무 기분이 나빴어. 너도 옆으로 길다고 했더니 노발대발하면서 계속 스머프라고 놀리더라. 그래서 선생님에게 말했거든. 선생님이 키 얘기는 예민한 부분이니 함부로 말하지 말라고 하셨어. 그랬더니 그 애가 내가 뚱뚱하다고 놀렸다면서 자기변명을 하더라. 자기가 먼저 나를 놀리지 않았으면 괜찮았을 거 아냐."

아이의 말을 듣자마자 남편과 나는 욱하고 소리치듯 말했습니다.

"어떤 놈이야. 이름이 뭐야 그 자식."

평소 키가 작아서 늘 마음 쓰였던 아들입니다. 키가 크든 작든 자신이 스스로 스트레스만 안 받았으면 싶었는데요. 주변에서 자꾸 키 얘기를 하니 괜찮던 아이라도 신경이 쓰일 노릇이었지요. 흥분한 우리를 달랜 것은 오히려 아들이었습니다.

"나 평소에 그렇게 키 때문에 스트레스 안 받아. 그 애도 그렇게 크지도 않고. 선생님께 말 지어내는 거 보고 나도 대놓고 그 애한테 돼지라고 말하고 싶었어. 하지만 그러면 안 될 것 같아서 참았지. 똑똑한 스머프 닮았다고 해서 기분 좋았다고 부드럽게 말해줬어. 그래야 그 친구도 뭔가 느낄 거 같아서."

아이의 말을 들으니 서슬 퍼렇게 덤벼들었던 우리가 순간 부끄러워졌습니다.

"그래서 어쩔 생각이야?"

"내일 가서 기분 나빴으니 하지 말라고 해야지. 그래도 계속하면 선생님에게 말하고."

아이는 아무렇지도 않은 듯 대답했습니다. 그 정도로는 안 되니 발로 걷어차라고 남편이 흥분해서 말했지만 아이는 아랑곳하지 않았습니다. 우리는 아이에게 맡겨보기로 했지요. 아이가 어떻게 대처했을지 궁금해진 나는 요가를 마치고 부리나케 집으로 돌아갔습니다. 남편이 퇴근해 있더군요. 나는 남편을 한번 째려본 후 한바탕 불만을 늘어놓았습니다. 남편은 그렇다고 그렇게까지 화낼 일이 나며 양보하지 않더군요. 일단 서로 감정이 누그러질 때를 기다려야 했지요. 과연 아들은 어떻게 이 난관을 이겨냈을까 궁금해졌습니다.

"오늘 걔가 또 놀렸어?"

"아니. 내가 어제 너가 그렇게 얘기해서 기분 나빴으니 다신 하지 말라고 했어. 그랬더니 미안한데 자기도 기분 나빴다고 하더라. 내가 당장 돼지라고 하고 싶은 걸 참으며, 그렇게 부드럽게 말했는데도 말야. 그래서 '미안'이라고 할뻔했지."

오마이갓. 자기 의사를 정확히 말하면서도 감정적으로 흥분하지 않는 아이의 모습이 놀라웠습니다.

"내가 괜히 화내면서 말하면 걔도 공격당했다는 생각에 방어만 할 거 아냐. 그러니까 부드럽게 말하면서 내 생각을 정확하게 표현하고 사과받았어. 속으론 지금이라도 돼지라고 하고 싶지만, 그러면 나도 똑같은 사람이 되니까."

어른이 된다는 것은 외부 자극에 즉각적으로 반응하지 않고 상황에 따라 적절한 반응을 선택하는 것이라 했습니다. 나보다 훨씬 어른스러운 아이를 보며 사그라지지 않는 화를 누를 수밖에 없었지요. 외부에서 어떤 자극을 받았을 때 그 자극에 반응하느냐 안 하느냐도 역시 내 몫일 테니까요.

"강서방이 내가 새로 구상한 글 안 된다고 하더라. 맨날 안 된대. 열받아."

아까 보낸 문자에 언니가 대답했습니다.

"무시해."

맞습니다. 내게 들어온 자극을 선택해서 수용하고, 그 반응을 부드럽게 전달하는 점에서 나는 한참이나 부족했습니다. 언제나 어른이 될까요. 이미 너무나 어른스러운 아들의 모습을 보며 부끄럽고 경이로운 마음이 들었습니다. 남편을 바라보며 "나도 마음 상하니까 말조심해줘"라고 부드럽게 말해주었습니다. 남편이 진심으로 미안하다고 하더군요. 아들 선생님에게 좋은 기술을 하나 배웠네요.

어른이 된다는 것은 외부 자극에 즉각적으로 반응하지 않고
상황에 따라 적절한 반응을 선택하는 것이라 했습니다.

"다 같이 엎드려서 양 발바닥을 마주 대 보세요."

요가 선생님의 안내에 따라 발바닥을 붙이고 눈을 감았습니다. 숨쉬기에 집중하고 있었지요. 다리가 많이 당겼습니다.

"눈을 떠서 옆 사람을 한번 바라보세요."

갑작스러운 선생님의 지시에 눈을 떴습니다. 주위를 둘러보았지요. 옆 사람은 내 발 모양과 같았습니다. 양발을 마주 대자 발끝이 땅끝에서 삐죽 올라와 있었지요. 그런데 왼쪽에서 요가를 함께 하고 있던 딸아이의 발 모양은 달랐습니다. 양발 끝을 마주 댔는데 다리 전체가 바닥에 붙어 있었어요. 나는 아무리 내리려 해도 바닥에 닿지 않는데요. 신기하게 아무 요동도 없이 발바닥이 편안하게 바닥에 내려가 있더군요.

"신기하죠. 저랑 회원님 두 분은 발바닥이 뜨잖아요. 그런데 막내 회원님은 다리가 바닥에 닿지요. 이건 서로 근육의 길이가 달라서 그런 거예요. 두 분 회원님과 저는 근육의 길이가 짧고 타이트해요. 대신 힘이 좋죠. 그래서 잘 다치지 않아요. 근육이 꽉 잡아주니까요. 하지만 막내 회원님은 유연성이 좋은 대신 힘이 부족하지요. 그래서 운동할 때 조금만 무리해도 다치기가 쉬워요. 자신이 할 수 있는 만큼만 하는 게 중요하지요. 잘 된다고 무리하게 쓰다 보면 다칠 수 있어요. 근육은 보통 유전이라 타고 나요. 내가 어떤 모양과 특징을 가졌는지 알고 연습하면서 할 수 있는 만큼 해나가는 게 중요하지요. 누군가를 무조건 따라 하다가는 다치기 쉽답니다."

분명 내 딸이지만 나의 유전자를 받지는 않았나 봅니다. 집에 와서 아들에게 해 보라고 하니 아들도 딸아이처럼 유연하네요. 어릴 때부터 근육의 힘이 좋았고 유연성은 약했던 나와는 달랐습니다. 아빠를 닮은 모양입니다. 그것도 모르고 아이 보고 왜 이렇게 힘이 약하냐고 몰아붙였어요. 아이가 무리하다 근육이라도 다쳤으면 큰일날 뻔했습니다. 아이에 대해 다 안다고 생각했는데 정말 몰랐네요. 때론 내 자식이라 나랑 비슷할 거라는 착각했습니다. 나와 닮았으면 하는 바람인 건지, 닮아서 싫은 건지 그것조차 잘 모르면서 말이지요.

"나는 시가 정말 싫어. 시라는 건 왜 있는 거야? 도대체 시가 뭐야."

얼마 전 아들이 국어 시간에 시 쓰기를 배웠다며 투덜거렸습니다. 시 쓰기가 너무 어렵답니다. 도대체 짧게 써야 하고 운율을 맞춰야 하는데 왜 그래야 하는지 모르겠다고 하더군요. 시인인 형부와 함께 시를 배우며 내가 느꼈던 것과 똑같은 마음이었습니다. 나 역시 맞장구를 쳤습니다. 도대체 문학은 너무 어렵다고 말이지요. 사랑하는데 사랑한다고 말하면 안 되는 게 문학이랍니다. 사랑한다는 것을 느낌으로 알 수 있게 돌려써야 한다는데요. 왜 그래야 하는지 도무지 알 수가 없었습니다. 그 느낌을 아들도 똑같이 받은 모양입니다. 그런데 아들이 오늘은 다른 말을 하네요.

"엄마, 학교에서 논설문 쓰기를 배웠거든. 논설문을 쓰는데 재미있더라. 북한과 통일하는 것에 찬성과 반대의견을 냈거든. 애들이 모두 찬성 의견을 낼 거 같아서 일부러 반대로 했어. 반대 의견의 주장과 근거를 썼어. 근데 근거가 조금 약한가 싶더라. 북한과 통일을 하게 되면 세금을 많이 내야 하는 문제가 생겨서 반대한다고 썼거든. 그런데 세금이 몇 퍼센트나 오르는지를 찾지 못했어. 숫자로 써야 좀 더 명확한 근거가 되는데 그걸 못 써서 아쉬웠지. 논설문 쓰다 보니까 너무 재미있더라."

아들은 눈을 반짝이며 말했습니다. 다양한 종류의 글을 쓰다가 내가 분석하는 글을 잘 쓰고 좋아한다는 것을 알게 된 순간과 비슷했습니다. 정확하게 내용을 분석하고 논리적으로 글을 써 내려가는 것이 문학과 비교도 안 되게 좋았거든요. 명확했으니까요. 그 감정을 아들도 느꼈나 봅니다. 아들의 감정이 백번 이해되었습니다. 신나서 글쓰기 이야기를 하는 아들에게 나도 맞장구를 쳐 주었지요. 그렇게 닮은 점을 발견한 우리는 즐거웠습니다. 마치 이 세상에 모든 문학에 반대하고 최고의 논설문을 쓰고 싶어 하는 학자 같은 기분이 들었지요. 서로 통하는 마음에 더 신이 났는지도 모릅니다. 심정을 알아주는 서로가 있었으니까요.

아이 둘을 낳아보니 미묘하게 서로를 닮은 부분이 보입니다. 남편을 닮은 듯한데요. 또 어떤 부분은 나를 닮았어요. 안 좋은 부분이 드러나면 서로를 닮아서 그렇노라고 원망 아닌 원망을 해보지만, 속으로 뜨끔하지요. 아닌 척하고 있지만 나를 닮아서 저런다는 것을 알고 있으니까요. 때로는 나를 닮은 모습에 마음이 짠하고 안타깝습니다. 나보다 더나은 삶을 원하니까요. 내가 겪은 어려움을 겪지 않으며 살았으면 좋겠지만, 나와 같은 구멍에 허덕이는 아이를 보며 감정이입이 되어 아프고 속상합니다. 괜히 아이에게 화를 내고 왜 그것밖에 못 하냐며 안달을 부리기도 하지요. 내가 늘 고민이었던 부분에 맞닿을수록 더 그렇습니다. 늘 친구 관계에 고민이 많던 나는 딸아이의 친구 관계에 더 집착하고요. 늘 양보하고 소심했던 내 모습이 너무 싫어서 아들이 배려할 때마다 그러지 말라고 악다구니를 썼네요.

"친구 없어도 학교생활 괜찮아. 혼자서 매점 가는 것도 즐거워"라고 말하는 딸아이를 보면서 '아니구나'라고 느낍니다. 친구 관계에 얽매이는 나보다 더 단단하고 자기 생각이 또렷한 아이였습니다.

"부드럽게 말하면서 화를 내지는 않지만 내가 말하고 싶은 건 다 말해. 괜히 화냈다가 오해받고 싶지 않아. 정작 전하고 싶은 내 메시지가 중요한 거잖아"라고 말하는 아들을 보면서 '또 아니구나'라고 느낍니다. 누군가를 배려하지만 자기 생각마저 양보하며 물러서는 아이는 아니었으니까요.

아이는 나를 닮은 듯 닮지 않았습니다. 나와 닮았지만 나보다 훨씬 더 멋진 아이로 자라나는 모습은 코끝이 찡할 만큼 감동적입니다. 아이가 제 생각대로 자신의 삶을 살아갈 수 있도록 더 격려해 줘야겠습니다. 아이는 나와는 다른 존재이면서 나를 넘어선 존재니까요. 아이 존재 자체에 경의를 표할 줄 아는 엄마가 되고 싶습니다.

4장

지치지 않는 엄마체력

"이 동작들 선생님이 다 만드신 거죠. 춤에서 선생님 느낌이 나요. 선생님은 춤 동작이 참 귀여우세요. 어쩜 그렇게 여성스러워요?"

줌바를 하면서 매번 선생님의 여성스러움에 놀랍니다. 동작을 너무 예쁘게 해서 나도 열심히 따라 해 보지만 거울 속 나는 우악스럽기 그지없지요. 매번 부럽고 예뻐서 홀린 듯 바라보게 돼요. 조금이라도 선생님 느낌을 내보려 하지만 쉽지 않습니다. 강렬한 내 이미지와 그토록 원하는 귀여움은 매치가 잘 안되더라고요. 귀여워서 부러운 내 마음을 오늘은 선생님께 표현해 보았는데요. 선생님은 아니랍니다.

"귀여워요? 귀여우면 안 되는데. 저는 멋있게 추고 싶어요. 멋있어지려고 얼마나 애를 쓰는데요. 귀엽다니……."

선생님 얼굴에서 약간 고민의 빛이 스칩니다. 작고 동그란 몸매입니다. 섹시보다는 귀엽다는 느낌이 강하고, 멋있기보다는 예쁘다는 표현이 어울려요. 멋있게 추길 원하는데 저렇게 귀여워 보인다니 선생님은 아무래도 자기 자신에게 만족할 수 없겠다 싶었지요. 아무튼 선생님에게 '긍정적인 리액션'을 준 것으로 훈훈하게 결론을 지었습니다.

"두 딸아이가 나랑 키가 똑같아요. 153cm이야. 158cm만 되어도 좋겠는데 어쩜 나랑 똑같을까?"

퇴근길에 만난 선생님이 푸념을 늘어놓습니다.

"대신 얼굴이 작잖아요. 그러니 비율은 어느 정도 괜찮지 뭐."

위로라고 건네보지만 전혀 위안이 안 되는 모양입니다.

"얼굴만 작으면 뭐 해. 예뻐야지. 키가 작으면 비율이라도 좋아야 하는데 다리도 짧고. 나도 키가 작아서 콤플렉스인데 애들이 어쩜 나를 그렇게 똑 닮았을까요? 속상해 진짜."

아무리 말해도 위안이 될 수는 없을 것 같았어요. 본인이 이미 결론을 지어버린 이야기니까요.

순간 참 이상하다는 생각이 들었어요. 얼마 전 만난 키 큰 동생의 말이 떠올랐거든요.

"언니, 나는 우리 딸 절대 밥 많이 안 먹이잖아. 뭐든 조금만 줘. 너무 클까 봐. 여자가 너무 크면 흉해. 적당한 게 좋지. 키 크면 얼마나 불편한지 알아. 조금만 살쪄도 덩치가 너무 커 보여. 예쁜 신발들은 죄다 굽이 있는데 굽 높은 거 신으면 키가 너무 커져. 예쁜 건 신지도 못해. 어디 가서든 눈에 띄어서 부담스럽고. 나는 우리 딸이 적당히 컸으면 좋겠어. 그래서 어려서부터 절대 음식 많이 안 먹이잖아."

키가 173인 동생은 늘 너무 튀어서 그게 싫었대요. 키 큰 여자라서 자기보다 큰 남자를 만나는데 제약도 많았고요. 그래서 딸은 보통 키였으면 좋겠대요. 차라리 아담한 게 낫답니다. 그런데 그게 가능할까 싶네요. 남편 키가 186cm에 양가 가족들 모두 큰 키를 가진 집이거든요. 엄마의 바람과 다르게 아이는 조금만 먹였는데도 불구하고 팔도 길쭉, 다리도 길쭉 어쩔 수 없이 커질 수밖에 없더라고요. 그런 동생 딸아이를 보면서 부러웠지만, 팔다리가 유독 짧은 나는 그런 길쭉이 딸을 기대할 수는 없을 것 같았답니다.

"가장 어찌할 수 없는 게 체형이에요. 타고난 체형을 어떻게 할 수가 없잖아요. 원망하기보다는 그걸 받아들이고 자신이 할 수 있는 만큼 하면 되는 거죠."

팔이 짧아 동작이 안 되는 나를 보며 요가 선생님이 말씀하셨어요. 너무 무리하지 말고 본인이 할 수 있는 만큼 그 안에서 자극을 느끼라고요. 하지만 난 그게 싫어요. 나도 보통의 팔다리를 가진 사람처럼 동작을 해보고 싶다고요. 아무리 길게 뻗어봐도 팔과 다리는 닿을 생각을 안합니다. 신경질이 나서 동작을 멈춰버립니다.

나는 어려서부터 귀여운 게 좋았습니다. 하지만 어딜 가도 센 언니에 속했습니다. 이목구비가 뚜렷하고 강렬해서 누구 하나 쉽사리 말을 붙이지 못하는 얼굴이었지요. 불만이었지만 그 얼굴을 부러워하는 한 사람이 있었어요. 동그랗고 귀여운 얼굴을 가진 분이었습니다. 첫눈에 봐도 '성격 좋다'라고 느껴지는 얼굴이었지요. 그런데 그 이미지 때문에 그

분은 너무 힘이 들었대요. 자신에게 사람들이 많은 걸 기대했답니다. 성격이 동글동글하고 뭐든 받아 줄 거로 생각하고 다가온답니다. 자신은 그런 사람이 아니고, 거리를 두고 싶어 하는 스타일이었어요. 그분은 내 얼굴을 보면 항상 부러워했습니다. 자기도 저렇게 카리스마 있어 보이고 싶다고요. 그러면 쉽게 대하지도 못할 텐데 하고 말이지요. 내가 보기엔 성격 좋아 보이고 귀여운 그분 얼굴이 훨씬 나아보였는데도 말이죠.

키가 큰 사람은 키가 큰 것이 부담스럽고, 작은 사람은 작아서 싫고, 귀여운 사람은 멋있기를 원하고, 카리스마 있는 사람은 귀여워지고 싶습니다. 우리는 자신이 가지지 못한 것을 원합니다. 때로는 그 바람이 나를 넘어서 내 아이에게 투영되기도 하지요. 부모가 작으니, 아이는 컸으면 싶어서 키 얘기를 계속하는 집과 너무 클까 봐 먹을 것을 자제시키는 가정. 둘 다 다를 게 없어 보입니다.

부모가 가지지 못한 결핍을 채우기 위해 아이에게는 다른 모습을 바라는 거겠지요. 결핍이 왜 불편한지 알기에 아이가 덜 힘들었으면 하는 바람 때문이겠지요. 정작 아이는 자신만이 가진 조건들을 그대로 받아들이고 싶지는 않을까요. 마치 요가 선생님이 자신이 가진 상황을 수용하고 거기서 본인이 할 수 있는 것들을 해나가면 된다고 말했던 것처럼요. 아이는 그 아이의 인생이 있는 거잖아요. 때론 내 부족함을 너무 강요해서 아이에게 없는 콤플렉스까지 만들어 주고 있는 것은 아닌가 싶어집니다.

문득 딸아이가 했던 말이 떠오릅니다.

"엄마 아빠는 곱슬머리가 그렇게 싫어? 나는 내 머리카락이 꽤 괜찮은데?"

아이는 아이의 기준으로 삶을 살아가도록 내 욕심을 줄여나가야겠습니다.

부모인 내가 가지지 못한 결핍을 채우기 위해
아이에게는 나와 다른 모습을 바라는 거겠지요.

운동을 하러 다닙니다. 센터에 요가와 필라테스반이 있어요. 요일별로 다르게 운동하는데요. 요일별로 프로그램만 다른 게 아닙니다. 선생님도 정말 달라요 달라. 몸이 뻣뻣하여 동작이 잘 안되고 쥐가 나기도 할 때마다 요가 선생님은 말씀하세요.

"요가에 잘하고 못하고는 없어요. 자기가 할 수 있는 만큼 하면 됩니다. 조금씩 좋아지니까 걱정하지 마세요."

선생님께 용기를 얻어 다시 동작을 해보지만, 다리가 찢어질 거 같고 숨쉬기가 어렵습니다.

"지금 동작이 너무 힘들죠. 어려운 동작이에요. 하지만 이 순간이 지나면 사라질 고통이란 거 아시잖아요. 조금만 힘을 내서 버텨보세요. 잘하고 계십니다."

선생님의 한마디 한마디가 함께 뿌려주는 향긋한 향처럼 달큰하게 느껴집니다. 다리가 타들어 갈 것 같지만 끝까지 참고 버팁니다. 내일까지 근육통으로 무지 아프겠지만 다음에 또 요가를 가고 싶은 마음이 생깁니다.

필라테스는 이와 전혀 다릅니다. 원래 필라테스가 기구의 도움을 받기 때문에 몸만 사용하는 요가보다 조금 더 쉽게 접근할 수 있다고 들었습니다. 하지만 이 선생님은 다릅니다. 기구의 도움을 받아 더 많은 자극을 주는 데 초점이 맞춰져 있습니다.

"선생님, 허리가 아파서 동작을 못 하겠어요."

한 회원이 앓는 소리를 내며 선생님을 부릅니다.

"허리가 아파도 참고 하셔야죠. 허리가 아프다는 건 복부에 힘이 없어서예요. 계속 운동하실 거면 복부에 힘을 기르셔야죠. 아니면 아픈 허리를 고칠 수가 없습니다. 이제껏 동작하는 걸로 봐서 허리가 아프다는 건 핑계예요. 하세요. 하셔야죠."

선생님의 냉혹한 반응에 회원은 눈을 질끈 감고 다시 동작을 시작합니다. 다리가 타들어 갈 것 같습니다. 어차피 선생님에게 허리가 아프다고 말해봤자 결과는 같을 것임을 압니다. 여기저기서 앓는 소리가 들립니다. 하지만 선생님은 아무 말도 하지 않습니다. 선생님이 돌아선 순간을 틈타 자세를 풀고 쉬어버립니다. 어차피 내 고통과 노력을 알아주지도 않으니까요. 밤새 근육통으로 잠을 설쳤습니다. 다음에 다시 필라테스를 하러 가는 것이 두렵습니다.

두 선생님을 보면서 내 모습을 돌아다봤습니다. 나는 아이에게 오늘

어떤 엄마였을까 하고 말입니다. 아이가 충분히 힘들고 어렵다는 걸 알면서도 해야 한다고 밀어붙이기만 했던 건 아니었나 싶습니다. 아이는 마음이 상했겠지요. 앞에선 하는 척하고 뒤돌아서선 손 놓아 버렸는지도 모르겠습니다. 아이 마음을 하나하나 읽어주고 힘들지만 애쓰고 있는 아이에게 따뜻하게 격려해 준 적이 있었나 돌아봤습니다. 아이가 나를 바라보던 원망스러운 눈빛이 떠오르네요. 마음은 몇백 번이고 그랬을 것입니다. 사랑의 마음이 가득했겠지요. 하지만 실제 입에서 나가는 말에는 가시와 냉소가 가득했던 거 같습니다.

나는 오늘 하루 또 어떤 엄마가 될지 생각합니다. 다시는 상대하고 싶지 않은 악연으로 기억될 것인지. 언제나 따뜻하고 훈훈한 분위기로 남을 것인지. 아이를 위한다는 명분을 내려놓고 조용히 생각해 봐야겠습니다.

엄마라는 자리

처음 눈길이 간 건 조카와 닮은 뒷모습 때문이었어요. 깡마른 아이가 체육복 바지에 딱 붙는 크롭 니트를 입고 제 몸만 한 커다란 가방을 옆으로 질끈 맸지요. 가방이 너무 커서 초등학생이 어른 가방을 메고 가는 것처럼 보였습니다. 덩치에 비해 너무 큰 가방은 자그마한 어깨에 애처롭게 매달려 있었지요. 그 위태로움이 소녀에게 자꾸 눈길을 가게 했습니다. 눈에 띄는 것은 그게 다가 아니었습니다. 허리춤까지 내려오는 까만 머리카락입니다. 곱슬머리를 어렵사리 펴서 끝을 말았는데 머리카락이 너무 까맣고 억세서 성난 파도처럼 사나워 보였어요. 허리춤까지 오는 까맣디까만 긴 머리가 왠지 으스스했지요. 인어공주를 꿈꾼 듯하였으나 마녀에 가까웠습니다. 연신 머리카락을 만져 대느라 손을 올린 순간 기다랗고 하얀 매니큐어를 바른 손톱은 마녀 이미지에 정점을 찍었지요. 그 와중에도 걸음걸음마다 어깨에 매달린 커다란 가방은 절뚝거리듯 흔들렸습니다.

'우리 딸이 저러고 다녀도 내가 말릴 수나 있을까. 내 말은 귓등으로 도 안 듣겠지.'

태어나서 한시도 엄마를 떠나지 않으려고 아기띠로 꽁꽁 싸매고 다니던 아이였습니다. 잠깐이라도 엄마에게서 떨어질세라 화장실을 갈 때도 항상 따라다녔습니다. 그렇게 변기 위에서 대변 냄새를 맡으면서도 엄마만 외치던 아이였어요. 그런데 아이가 화장실에 들어가면서 문을 닫기 시작했습니다.

중학생 딸아이와 함께 운동을 다닙니다. 운동하러 갈 때 저만치 나와 떨어져 걸어요. 엄마랑 함께 다니는 것을 지나가는 친구들이 볼까 봐 창피하답니다. 엄마 없이는 아무것도 못 하는 아이로 보일 수 있다네요. 처음에는 못내 서운했어요. 내겐 분신 같은 아이였기에 마음이 좋지 않았지요. 하루 이틀 그런 시간이 쌓이면서 나도 익숙해졌습니다.

아이가 불편하다는데 강요할 일은 아닙니다. 강요한다고 들을 아이도 아니거든요. 그리고 그게 편해졌습니다. 저만치 떨어져서 걷지만, 종종 내가 건네는 말에 답을 해주기도 하지요. 집에 돌아와서는 다정한 포옹을 해주기도 하고요. 따라다니며 자기 말을 종알거리기도 하니까 그 정도 거리두기는 인정해 줘야겠습니다.

하지만 못내 아쉬운 것은 사실이었지요. 아이랑 다정하게 바라보며 걷는 길이 그리운 건 어쩔 수 없었습니다. 아이가 점점 엄마와 걷는 거리를 넓히고 언젠가는 서로가 볼 수 없는 거리에 서겠죠. 허전함에 서운한 마음이 들었습니다. 아이가 더 자라면 도대체 얼마나 나에게서 거리를 두고 홀로서기를 할까 두려웠지요.

'내가 보지 않는 자리에서 저리하고 다닌다면 어쩌지? 자신에게 맞는 자리를 찾지 못하고 헤맨다면?'

갖가지 생각이 들지만 내가 걱정한다고 될 일이 아닙니다. 어차피 아이는 엄마의 말대로 움직이는 인형이 아니니까요. 떨어져 걸으면서 아이에게 걷는 법도 알려주고 위험이 올 때 피하는 법도 보여주고요. 가끔 말을 건네가며 다정함을 유지하는 것 이외에 내가 할 수 있는 것은 없습니다. 이제는 부모로서 아이가 스스로 자기 삶의 태도와 방향을 찾아가리라 믿어주는 것밖에 해줄 게 없습니다. 아이는 자신의 삶을 원하니까요.

"어제, 네 핸드폰 빌려서 찍은 사진 보내줘."

아이에게 전화를 했습니다. 등교 중인 아이는 지금은 안된대요. 지금 바빠서 나중에 보내준다네요.

"이따 언제 나도 지금 써야 해"라고 말은 해보지만 아이는 전화를 뚝 끊어버렸습니다.

지금은 엄마의 어떤 요구보다 자기 삶이 중요하니까요. 학교에 가면 해야 할 일들도 자기의 역할도 쌓여있어서 지금은 엄마를 바라볼 새도 이야기를 들어줄 여유도 없나 봐요. 아이는 그렇게 성장하면서 자기 자리를 찾아 훨훨 날아가겠지요. 그 뒤에서 아이 뒤통수만 보고 한숨만 쉬기에는 내 인생 또한 너무 소중하니까요. 나도 엄마라는 자리를 살살 내어놓고 아이와 거리두기를 시전해야겠습니다. 건강한 거리에서 서로 행복할 수 있도록요.

　부디 그럴 수 있기를 간절히 바라봅니다.

부모로서 이제는 할 수 있는 게 없습니다
같이 손을 잡고 끌고 가기엔 아이는 자신의 삶을 원하니까요
그저 뒷모습을 보여주고 가끔 다정하게 말을 걸어주는 것밖에는 해줄 게 없지요

반려인

"어서 와 여보."

집안으로 들어서는 남편을 향해 반가운 인사를 건넵니다. 남편이 오늘은 하루 종일 긴 회의로 힘들었다네요. 이미 지친다는 표현을 카톡에서 보았거든요. 안 그래도 약한 체력인데 걱정스럽습니다. 집에서라도 편안했으면 싶어 반갑게 맞이합니다. 예상대로 남편의 얼굴은 홀쭉합니다. 하루 종일 뱉어낸 말들로 세포가 만개는 빠져나간 것 같습니다.

"사고가 있었어."

나는 빈번히 있는 사고라고 생각했습니다. 인터넷 거래를 담당하는 남편에게서 거래 장애가 발생하는 일을 여러 해 동안 보았으니까요.

"무슨 사고?"

"탕비실에 가려는데 갑자기 그 앞에 폰 부스 문이 열리는 거야. 의식 못 한 채로 걷다가 꽝 부딪혔어. 갑자기 세게 부딪혀서 순간 머리가 띵하고 정신이 흐릿하더라."

깜짝 놀랐습니다. 안 그래도 골다공증이 올만큼 약한 중년의 뼈일 텐데요. 어린아이도 아니고 어른이 돼서 그렇게 부딪히는 일은 많지 않은데 걱정이 되었습니다.

"괜찮아?"

의무실에 가서 파스를 붙이고 왔답니다. 어디가 아픈지 잘 모르겠는데 좋지는 않다네요. 행여나 싶어 병원에 가봐야 않냐 했지만, 그 정도는 아니랍니다.

이야기를 듣고는 남편이 잘못한 게 하나도 없는데도 순식간에 화가 났습니다. 도대체 조심성도 많으면서 앞을 잘 보고 다녀야지, 왜 그랬느냐며 나무랐습니다. 갑작스럽게 사람이 나올 줄 남편인들 알았겠어요. 그런데도 왜 그런지 뾰족하게 기분이 상했습니다. 문을 열고 나온 사람을 만나 원망할 수도 없으니까요. 괜히 다친 사람에게 뭐라 하는 수밖에 없습니다. 문제를 일으킨 아이가 나간 후 남아있는 모범생에게 온갖 화를 다 내는 선생님처럼요.

다짜고짜 운동하러 나왔습니다. 일단 남편의 무사함은 확인했으니까요. 같이 있으면 남편에게 괜히 잔소리만 할 거 같았거든요. 그런데 운동 가는 길 내내 뒤에서 누군가가 나를 잡아당기는 것 같았습니다.

'아픈 사람을 놔두고 운동 가도 되나. 돌봐줘야 하는 거 아냐.'

발걸음을 멈추고 집에 갈까 말까 망설였습니다. 하지만 당장 피가 나는 것도 아니고 밥도 먹는 걸 보고 나왔습니다. 돌봐 줄래야 돌봐 줄 게 없을 것 같았습니다. 자기 몸은 만지지도 못하게 할 테니까요. 다시 몸을 돌려 운동하러 갔습니다. 운동하러 가서도 기분이 영 찜찜하더군요. 아픈 남편을 두고 나 혼자 살자고 도망 온 거 같아서요. 하지만 열심히 땀 흘려 줌바를 하고 나니 잠시 불편한 마음을 내려놓을 수 있었습니다.

집에 돌아오는 길 남편에게 전화를 걸어야지 했습니다. 혹시 불편한 곳은 없는지 물어보려고요. 필요한 약이나 물품을 사다 줘야지 싶었습니다. 그런데 그때 마침 언니에게서 전화가 왔습니다. 큰언니 환갑 준비를 어떻게 할지 정하자고 합니다. 1남 5녀, 형제가 많은 만큼 말도 많고 탈도 많습니다. 의견을 조율하다 보니 남편에게 전화할 시기를 놓쳐버렸지요. 통화 중에 남편에게 전화가 걸려 옵니다. 카톡으로 '지금 통화 중, 왜?'라고 보냈습니다. 위치추적 어플을 통해 내 위치를 본 남편은 '왜 딴 길로 돌아감. 거기 딱 있어'라고 톡을 보냈더군요. 매일 운동이 끝나면 남편이 마중을 나옵니다. 함께 산책하면서 그날의 일상을 나누는데요. 오늘도 여느 때처럼 나를 마중 나온 겁니다. 남편을 보니 화가 치밀어 올랐습니다.

아주 어릴 때부터 엄마는 허리 디스크였습니다. 엄마는 늘 '아프다'라는 말만 했습니다. 어릴 때부터 고사리손으로 엄마 다리며 허리를 주물렀던 기억밖에 나지 않습니다. 저녁이면 엄마는 늘 앓는 소리를 냈습니다. 엄마 곁이 좋아 떠나지 못했던 막내는 그 소리를 들으며 컸습니다. 앓는 소리를 빼면 엄마에 대한 기억이 별로 없습니다. 그 정도 아팠으면 정형외과라도 가서 디스크 수술이라도 받았으면 좋으련만, 엄마는 지나치게 우직하고 무식했습니다. 그 고통을 참고 견딘 거지요. 하지만 그 곁에서 엄마의 앓는 소리와 함께 자라서인지 정말 아픈 게 지긋지긋했습니다. 엄마를 돌보며 착하다는 소리를 들었지만, 언제나 아프다는 말만 하는 엄마가 싫었습니다. 엄마는 여든이 넘었지만 아직도 아프다는 말밖에 하지 않습니다. 실제로는 아니겠지만 내 기억 속에서는 그래요. 그래서 나는 아프다는 소리에 예민합니다. 아이가 아프면 스트레스 지수가 올라와 마구 먹어댔습니다. 내 몸도 튼튼하지 못해 아픈 것도 지겨웠으니까요. 그런데 남편이 아픕니다. 화가 머리끝까지 오른 이유를 남편은 알지 못할 테지만, 나 혼자 심술이 잔뜩 나서 투덜댑니다.

"바보같이 아프면 쉬지 왜 마중을 나와. 왜 자기 몸을 안 아껴."

남편은 괜찮아진 것 같아서 나왔답니다. 참 미련하고 무식합니다. 어릴 적 엄마를 닮은 남편이 미워 쏘아댑니다.

"물가에 내놓은 아기 같아. 조심성이 많은 사람이 왜 그래. 어째 그래."

화를 낼 일이 아닌데도 화가 납니다. 남편의 잘못이 아닌데도 남편을 원망합니다. 진짜 바보는 나인지도 모릅니다.

아침 일찍 일어나 집 앞뒤 창문을 활짝 엽니다. 신선한 공기가 들어옵니다. 이 공기를 식물들에 줄 생각을 하면 늦잠도 못 잡니다. 5시 반에 눈을 떠서 창문 열 궁리를 하지요. 식물 등도 켜줍니다. 바쁜 출근 준비 길에 분무질도 열심히 해줍니다. 밤새 불편한 곳이 없었는지 하나하나 살피고 출근합니다. 출근해서 갑자기 식물 생각이 납니다. 반려 식물이라고 해서 집에 들였는데요. 낮에는 아무도 없습니다. 식물들이 불편하지 않게 해두고 왔지만 아마 내가 없으니 불편할 겁니다. 더워도 서큘레이터를 틀어줄 사람도 없고요. 뜨거운 햇살이 내리쬘 때 잠시 그 자리를 피하게 도와주지도 못하니까요. 식물 생각을 하다가 남편 생각이 났습니다. 물가에 내놓은 아이같이 걱정스러운 사람. 식물같이 내가 돌보지 못하는 순간에 염려되는 사람이니까요. 그래서 우리는 반려인인가 봅니다.

가장 소중한 사람

 룰루랄라 퇴근길. 아이들이 좋아하는 오징어젓갈과 반찬 몇 개를 산후, 얼른 뛰어서 마을버스에 올랐지요. 오늘은 퇴근하고 바로 운동 가는 날이라 옷만 갈아입고 간단하게 5분간 뭐 좀 먹고 출발하면 됩니다. 시간이 빠듯해서 마음이 바쁜 날입니다. 버스에서 내려서 성큼성큼 집을 향해 걸었습니다. 퇴근 시간에는 유난히 배가 고파요. 그래서 딸아이에게 집 근처 옥수수 파는 곳에서 옥수수 좀 사다 달라 부탁했는데요. 당연히 싫답니다. 뭐 나만 근무한 건 아니니까요. 아이도 학교에서 지친 채 돌아왔을 테니 옥수수 사러 다시 나가기 귀찮겠지요. 이해합니다. 나는 그렇게 살아도 아이는 그리 못살지요. 내가 좋아 낳은 아이니 어찌 됐든 책임져야지요. 1%의 야속한 마음으로 집으로 들어섰습니다. 역시 예상대로 집은 조용합니다. 아들은 이미 운동하러 갔고요. 딸아이는 내가 들어서는데 인사도 안 하는 경우가 태반입니다. 사람이 들어오면 인사라도 하라고 그렇게 일렀건만 오늘도 아무 말이 없네요. 또 낮잠을 자는 가 싶어 딸을 부르며 방으로 들어갔습니다. 아이가 누워있는데 자세가 요상합니다.

"엄마, 나 몸이 이상해."

아이는 상의를 벗은 채 이불을 뒤집어쓰고 있습니다. 어지럽고 가슴이 답답해서 누워있었다네요. 책상 위에는 먹으려고 준비해둔 삼각김밥이 놓여있었어요. 그걸 먹지도 못하고 아이가 누워있습니다.

"화장실에 갔다 나와서 배고파서 저것 데웠거든. 근데 너무 어지럽고 가슴이 답답한 거야. 이상해."

아이 머리를 만져보니 아니나 다를까 열이 있습니다. 일단 옷을 갈아입고 해열제를 찾았습니다. 해열제와 물을 먹이고 나서 무엇을 해야 할지 생각합니다. 머릿속이 하얗습니다. 아이가 아프면 판단 회로가 갑자기 느려지는 기분이 듭니다. 정상적인 상황과 다르게 모든 게 느리게 흘러갑니다. 일단은 운동을 쉬고 아이가 열이 떨어지길 기다려봅니다. 열이 안 내리면 병원에 데려가야 하니까요. 아이는 남의 속도 모르고 건강염려증이 폭발합니다.

"독감인가? 중간고사 준비해야 하는데 어떻게 하지? 오늘부터 시험 준비하려고 했거든."

가는 날이 장날입니다. 하필 시험을 8일 앞두고 오늘 공부를 시작하려 했다는데요. 디데이에 아팠다며 속상해하네요. 그런 아이의 푸념을 들으며 갑자기 허기가 밀려왔습니다. 이상합니다. 아이가 아프면 스트레스가 올라오면서 먹을 것이 왜 이리도 땡기는지. 10여 분을 기다리자, 아이는 열이 살짝 내렸습니다. 아이 컨디션이 나아지자 대뜸 아이에게 물었습니다.

"피자 먹을래?"

이것저것 사 온 반찬은 이제 나에게 의미가 없습니다. 그저 몸에 안좋고 칼로리 높은 음식이 최고지요. 마음 같아서는 치즈피자를 꽉꽉 씹어먹고 싶었지만요. 아이가 아픈 것을 감안해서 치즈 추가는 하지 않았습니다. 남편에게 피자를 찾아오라고 하고 주문을 했지요. 멍해진 정신 때문인지 화분을 화장실에 엎고 야단이 났습니다. 그렇게 남편, 열이 조금 내린 딸아이, 운동으로 흠뻑 젖은 아들과 저녁을 먹었습니다. 그야말로 저녁은 폭식 파티였지요. 배가 고팠는데 열 때문에 못 먹어서일까요. 딸아이는 피자를 두 조각 반이나 먹더군요. 배가 부르다면서도 잣이며, 고기며, 반찬까지 이것저것 먹었습니다. 먹는 것을 보니 다행이다 싶었습니다. 나도 옆에서 뭐에 홀린 듯 계속 먹었습니다. 이상하게 먹어도 먹어도 배가 부르지 않았습니다.

생각해 보면 늘 그랬습니다. 힘든 일이 있으면 내가 나를 더 힘들게 만듭니다. 스트레스받으면 소화가 더 안 되는데, 아이가 아프면 먹을 걸로 나를 괴롭힙니다. 마치 내 잘못으로 문제가 생긴 것처럼 말입니다. 참 바보 같습니다. 왜 나를 아껴주지 못할까요. 왜 아무렇게나 되라는 식으로 한계까지 밀어 넣는지 모르겠습니다. 고삐 풀린 망아지처럼 날뛰는 내 모습을 보며 스스로 되뇝입니다.

'바보다 너. 어쩜 그렇게 너 자신을 함부로 대하니.'

누군가가 나를 보면 한없이 밝은 모습으로 미소 짓고 다니니 행복해 보인다고 할 겁니다. 자신감이 높아보인다고요. 평소의 나는 그렇긴 합니다. 그런데 힘들고 괴로울 때는 스스로를 괴롭힙니다. 아무도 나를 괴롭히지 못하게 하던 내가 그래요. 피자와 밥을 잔뜩 먹고 툭 튀어나온 내 배를 보면서 생각합니다.

'이제 그만하자. 내가 나를 함부로 대하는 일. 이제 그만할 때도 됐어.'

밤새 잠을 설쳤습니다. 감기에 걸려 계속 기침이 나왔거든요. 목도 간질거리고 몸에 힘이 하나도 없습니다. 그 와중에 생리도 시작했고요. 그런데도 가장 걱정되는 것은 아이입니다. 1시에도 2시에도 3시에도 깼습니다. 아이 머리를 만져보니 다시 열이 오르기 시작하네요. 아이를 깨워 해열제와 물을 먹였습니다. 그리고 살며시 아이 옆에 누웠습니다. 오늘은 깊은 잠을 자기는 글렀네요. 아이 아픈 게 차라리 나에게 왔으면 좋겠다고 생각하다가 깜짝 놀랍니다. 이제 더 이상 나를 함부로 대하지 않기로 하고선 또 그랬네요. 아이의 열이 나에게 오는 것이 아니라 공중으로 횡하니 사라져 버렸으면 하고 다시 잠을 청합니다. 새벽 내내 아이 상태를 체크해야 하니까요.

아침 알람이 울립니다. 또 출근할 시간입니다. 아이 머리를 만져보니 열이 내렸습니다. 무거운 눈꺼풀을 치켜세우며 출근 준비를 시작합니다.

오늘은 밤새 애쓴 나를 위해 견과류를 챙겨 가야겠습니다. 나도 그 누구 만큼 소중하니까요.

생각해 보면 늘 그랬습니다
힘든 일이 있으면 그래요
내가 나를 더 힘들게 만듭니다

일본식 마라탕

 남편이 일본 여행을 갔습니다. 평소 아이들을 세심하게 챙기던 남편입니다. 없으니 티가 나는 게 당연하지요. 그래도 오랜만에 간 여행입니다. 혼자서 마음껏 즐기게 해주고 싶었지요. 남편이 신경 쓰이지 않도록 해야 합니다. 다른 때보다 조금 더 아이들을 챙겨보자 하였지요. 퇴근하며 가족 단톡방에 글을 남겼습니다.

 "저녁 뭐 먹을래. 맛있는 거 시켜줄게."

 이 세상에서 가장 어려운 질문입니다. 맛있는 것은 과연 무엇일까. 무엇이 나를 가장 행복하게 할까. 먹을 것을 좋아하는 나에게는 행복한 고민이지요. 아이들도 나를 닮아서일까요. 맛있는 게 너무 많아 못 고르겠다네요. 떡볶이를 고르면 피자가 먹고 싶고, 피자를 먹으면 보쌈이 생각난다고 하네요. 한참 동안 답을 미룹니다. 이럴 때는 맛잘알 엄마가 추천해야지요. 딸이 특별히 좋아하는 마라탕과 꿔바로우를 슬며시 추천했습니다. 딸아이가 시험 이틀 전이라 스트레스를 받을 것 같았거든요. 그런데 워낙 다 잘 먹는 아들의 대답이 '음~~'이라네요. 별로인 모양입니다. 엄마가 좋아하지 않을 거 같아 고민하는 모양새입니다. 나까지 배려하지 않아도 되는데 녀석. 참 마음이 깊습니다.

아이들과 그런 톡을 주고받는 사이 도착역에 내릴 시간이 되었습니다. 지하철에서 내려 버스를 타고 걸어가야 해서 주문하기 어려워, 톡에서 무엇을 주문할지 함께 고민하고 있던 남편에게 패스합니다. 일본에서도 배달앱으로 주문이 가능한지 궁금했거든요. 일본에서 아빠가 시켜주는 음식이라니 뭔가 신선하잖아요. 남편에게 주문을 부탁하고 지하철에서 내릴 준비를 합니다. 하지만 모두 내가 없으면 아무도 결정을 못하겠답니다. 아이들이 배고플 시간이 넘어 마음이 급합니다. 어쩔 수 없이 마라탕과 꿔바로우를 다시 추천합니다. 아이들이 이제야 좋다고 하네요. 남편에게 잘 주문해 달라고 부탁하고 버스를 탔습니다.

집에 도착해서 보니 밥이 없네요. 마라탕 국물에는 밥을 말아 먹으니까요. 얼른 밥을 안치고 음식을 기다립니다. 마라탕을 기다리는 딸아이는 기분이 무척 좋은 모양입니다. 자신의 최애 음식을 주문해 주었으니까요. 기대 가득한 눈빛으로 배달을 기다립니다. 드디어 배달이 도착했습니다. 뜨끈뜨끈한 음식 덕분에 우리 모두 기분이 좋아졌습니다. 뚜껑을 여니 달큰한 꿔바로우 등장입니다. 군침이 도네요. 다음은 마라탕 차례입니다. 마라탕 뚜껑 개봉박두. 그런데 마라탕이 하얗습니다. 순간 당황하여 젓가락으로 내용물을 확인했습니다. 사골국 같은 뽀얀 국물에 숙주가 한가득입니다. 숙주와 감자, 어묵, 유부 그리고 치즈떡, 끝입니다. 면이 보이지 않습니다. 주문서를 확인했습니다. 주문서에는 백탕(마라맛 없음. xxx)이라고 쓰여있습니다.

남편은 마라탕이 무엇인지 모릅니다. 무엇을 넣고, 어떻게 먹는지 몰라요. 마라탕은 주문할 때 재료를 골라야 하거든요. 남편은 감으로 대충 주문했을 거예요. 재료를 제대로 고르지 못했을 것입니다. 알지도 못하는 메뉴를 급하게 주문한 것만으로도 고마운데, 마라탕을 잔뜩 기대한 딸은 그 상황을 알 리가 없지요. 딸아이는 순간 눈물을 참지 못합니다.

"이게 뭐야. 마라탕은 매운맛으로 먹는 건데. 마라가 하나도 안 들어 있잖아."

고대했던 순간이 순식간에 실망으로 바뀝니다. 그리고선 마라탕을 입에도 대지 않았습니다. 나는 이 상황이 어이없어 웃음만 나왔습니다. 면 하나 없이 숙주만 잔뜩 온 마라탕이라니. 일본에서 주문한 아빠의 음식은 전무후무한 선택이었습니다. 평생 하기 힘든 정말 새로운 경험이었지요. 하지만 마라탕을 처음 만났을 때 무얼 고를지 몰랐던 내가 떠올라 이해는 되었습니다. 웃고 있는 나를 보고 딸아이는 어이없어했습니다.

"엄마는 웃음이 나와? 나는 웃음이 안 나오거든."

백탕 국물을 먹어보니 짠 사골국 같았습니다. 아들과 나는 연신 먹을 만하다며 딸아이를 설득했습니다. 하지만 아이는 절대 백탕 국물 따위는 먹을 생각이 없다고 했습니다. 눈물을 흘리며 꿔바로우를 우걱우걱

씹어먹는 아이를 보니 이런저런 생각이 들더군요. 이 당황스러운 상황을 남편과 공유하기 위해 나는 페이스톡으로 전화를 걸었습니다.

남편은 일본 천엔샵에서 쇼핑 중이었습니다. 자신에게 필요한 코털 제거기를 샀다며 보여줍니다. 가이드에게 일본말로 인사를 해달라고 요청하기도 하네요. 신나고 기분이 좋아 보였습니다. 이것 좀 보라고 우리의 하얀 마라탕을 보여줬지만, 전혀 관심이 없습니다.

"왜? 면이 없어?"

마라탕에 마라가, 옥수수 면이 없다는 게 무슨 뜻인지 남편은 알지 못합니다. 그러면서 일본 광경을 열심히 보여주더군요. 아주 큰 사건이 있었다며 말을 이어나갔습니다.

"형님이랑 같이 앉아서 밥을 먹었잖아. 그런데 여행객 중 한 명이 둘이 무슨 사이냐는 거야. 그러면서 나보고 형님 아들이냐고 하더라. 형님 완전 마음 상했잖아."

남편은 우리 상황 따위는 관심도 없었습니다. 신나서 자기 상황을 이야기하는 남편에게 마라탕은 관심 밖이었지요. 한참 남편의 이야기를 듣다가 전화를 끊었습니다. 딸은 여전히 기분이 다운된 상태로 꿔바로우만 질근질근 씹고 있었습니다. 남의 커다란 아픔보다 내 손가락의 작은 상처 하나가 더 아픈 게 사람이라 하잖아요. 아무리 가까운 사이라도 자기의 상황만 볼 수 있는 건 어쩔 수 없나 봅니다. 일본 이야기만 하는 남편과 마라탕에 손도 안 대는 딸 사이에서 마라탕은 그렇게 식어갔습니다. 밥솥에는 마라탕에 말기 위해 새롭게 지어진 따끈한 흰밥만이 쓸모를 잃은 채 남겨져 있었지요.

남의 커다란 아픔보다 내 손가락의 작은 상처 하나가 더 아픈 게

사람이라 하잖아요.

아무리 가까운 사이라도

자기의 상황만 볼 수 있는 건 어쩔 수 없나 봅니다

아이를 키우는 동네

아이를 키우려면 한 마을이 온전히 필요하다고 합니다. 하지만 내가 아이를 키우면서 동네는커녕 그 누구의 도움도 받기 쉽지 않았어요. 아이가 아플 때 잠깐이라도 맡길 곳도 없었습니다. 돈으로 해결하거나 가까이 도움을 청할 친척이 없으면, 그 어떤 도움도 받을 수가 없습니다. 시부모님에게 잠시 아이를 맡기는 것도 부담스러웠어요. 나이 드신 분들을 힘들게 하고 싶지 않았습니다. 내 자식은 내가 키운다는 생각으로 그 누구의 도움도 받지 않았습니다.

맞벌이하면서 누구의 도움도 받지 못한다는 것은 때로는 눈물 나게 힘든 일이었습니다. 아이가 아프다는 말만 들어도 머리가 온통 하얘지는 기분이었으니까요. 직장에 아쉬운 소리를 해야 한다는 부담감 때문에, 그때마다 누구를 위해 일을 하는지 자괴감이 들 때가 한두 번이 아니었지요. 그렇게 하루하루를 근근이 버텼습니다.

아이가 초등학교 고학년이 되면서 이제 조금씩 그 압박에서 겨우 벗어나기 시작했어요. 아이가 아프면 혼자서 병원이든 약국이든 다녀올 수 있었으니까요. 직장에서 바로 뛰쳐나올 수는 없어도 아이에게 병원에 가서 수액 맞고 나의 퇴근을 기다리라고 할 여유 정도는 생겼습니다. 그것만으로도 충분히 숨은 쉴 수 있을 것 같았지요.

하지만 삶은 그게 다가 아니었어요. 아이가 크니 또 다른 유형의 동네가 필요해지더군요. 아이를 잘 키우려면 동네가 중요하다네요. 학군에 맞춰서 이사하는 고민은 아니었습니다. 아이가 자라면 학군이 아니라 아이에게 롤모델이 될 만한 어른이 필요합니다. 아이가 실제 또래에게서 배우는 그 무엇만큼 부모 이외에 바른 어른에게 받는 영향이 크답니다. 동네에서 모범이 되고 말이 통할 어른이 필요합니다. 이건 아이가 아플 때 잠시 손을 빌리는 것보다 훨씬 더 복잡한 문제입니다. 어디서 갑자기 그런 어른이 사는 동네를 만나나 고민스러웠지요. 고민도 잠시 아이는 아이대로 잘 자라리라 생각했습니다.

어느 날 아이가 탁구를 배우고 싶다고 해서, 동네에 새로 생긴 탁구장을 찾아갔습니다. 어른들이 삼삼오오 모여서 탁구를 치고 있었습니다. 탁구장에 들어서자 삐쭉대는 우리를 모두가 반갑게 맞아주었어요. 자신들이 치고 있던 탁구대를 내어주며 우리를 맞이했지요. 넉넉한 인상의 관장님은 어서 오라며 작은 꼬마들의 등장을 반겼습니다.

탁구장은 그간에 다녔던 운동 센터와는 조금 달랐어요. 배드민턴을 치러 체육관에 가면 먼저 치던 사람들끼리 자리를 선점하고 뜨내기인 우리를 배척했었습니다. 수영장이나 당구장에서 느끼지 못하는 묘한 분위기가 있었지요. 다른 운동과 다르게 탁구장은 혼자 오는 경우가 많았어요. 그런데 탁구는 상대방이 있어야 할 수 있는 운동이잖아요. 게다가 야외 공간이 아니라 한정된 실내 공간이죠. 그 안에서는 공동체 의식이 생길 수밖에 없는 분위기입니다. 서로가 서로에게 예의를 지키고 초보자가 오면 친절하게 가르쳐 줍니다. 운 좋게도 우리가 갔던 탁구장이 공동체 의식이 더 강한 곳이었을지도 모릅니다.

이전 경험 때문에 크게 기대하지 않았는데, 우리는 그곳에서 어른다운 어른들이 사는 동네를 만났습니다. 수줍어하는 아이들을 데려다가 같이 탁구를 쳐주고 너나 할 것 없이 자세를 알려주었지요. 처음 온 10대를 맞이하는 어른들의 눈빛은 무척 살가웠습니다. 아이들은 탁구장만 가면 음료수를 얻어먹고 용돈을 타가지고 왔어요. 특히 관장님은 뻘쭘해하는 아이에게 짝지어 운동할 회원을 연결해 주었고 그 게임에서 아이들은 어른들의 배려와 나눔을 배워갔습니다.

새로운 동네였습니다. 아이들을 믿고 맡기고 끌어줄 수 있는 새로운 동네. 우리는 그 안에서 따뜻함과 평온을 느꼈고 아이는 그 안에서 자라났습니다. 아이를 키우는 데 한마을이 필요하다고 합니다. 바쁘디바쁜 현대사회에서는 거의 불가능에 가까운 일입니다. 내 살기 바쁜 하루에 누군가와 무언가를 나누는 일이 쉬운 건 아니니까요.

그럼에도 아직 누군가와 무엇을 나누고 싶은 세상이라면 내가 먼저 동네의 문을 두드려 보면 좋겠어요. 누군가는 기꺼이 아이의 동네가 되어줄지도 모릅니다. 아직은 살만한 세상이니까요.

아이가 아프다는 말아 들어도 머리가 온통 하얘닙니다

그때아다 누구를 위해 직장 일을 하는지

자괴감이 들 때가 한두 번이 아니었지요.

그렇게 하루하루로 그긋이 버텼습니다.

남편과 내 편

'오늘은 바람이 쌀쌀하네요. 조금 두꺼운 옷을 준비하세요.'

우리 집 기상캐스터에게서 온 아침 카톡입니다. 자고있는 아이들과 출근 준비 중인 나를 위해 먼저 출근한 남편이 가족 방에 매일 날씨를 보내줍니다. 아침에 일어나면 모닝 인사 대신 오늘의 날씨를 전해주는 남편. 아이들이 늦잠 자서 부랴부랴 옷을 찾을까 봐 미리 아이 옷을 챙겨두고 출근하는 남편은 우리 집 기상캐스터입니다. 매일의 기온과 실제 체감 날씨를 알려줍니다. 덕분에 우리는 날씨에 맞춰 옷을 입을 수 있습니다. 그런 아빠에게 사랑과 감사를 표현하는 아이들이 된 것도 모두 남편 덕입니다. 결혼하기 전 처음 시댁에 갔을 때 어머님 볼에 대고 뽀뽀를 쪽 하는 남편을 보고 깜짝 놀랐던 기억이 있습니다. 서른다섯 살의 노총각이었는데요. 어머니를 안아주며 사랑한다고 말하던 모습이 유독 달콤해 보였지요. 사랑에 빠진 달콤한 남자의 표현이라 하기엔 너무 자연스러웠습니다. 사랑 표현을 받아본 적도, 해본 적도 없이 밋밋하게 살아온 나에겐 정말 새로운 광경이었습니다. 그런 남편의 모습을 아이들이 그대로 닮았습니다. 아이들은 고맙다거나 미안하다는 말을 참 잘합니다. 사랑한다는 표현도 잘합니다. 언제나 뒤에서 챙겨주는 남편과 많이도 비슷합니다.

"여보 당신 바지가 왜 그래? 그 바지 이상한데?"

아침에 일어나 이를 닦으며 슬쩍 본 남편의 바지에 하얗게 보풀이 일어났습니다. 남편이 너무 좋아하는 바지라 자주 입었더니 망가졌다며 갈아입습니다. 똑같은 디자인의 옷이 있으면 사야겠다며 출처를 물었지만 모른답니다. 어디서 샀는지 모르지만 편해서 자주 입게 되었다네요. 남편은 부끄러운 듯 바지를 슬쩍 접어 한편에 내어둡니다. 출근할 때는 못 입더라도 집에서 잠시 외출할 때 입을 요량인 게지요. 내 물건은 잘 챙겨주고, 결혼기념일이면 명품 가방을 사준다는 남편이지만 자기 물건을 사는 일은 어색한 모양입니다. 아껴서 쓰고 잘 버리지도 못하니까요.

"바지 이리 내. 갖다 버리자."

남편은 절대 안 된다고 합니다. 상표도 없는 남편의 바지가 못내 속상합니다. 명품까지는 아니어도 출근할 때는 번듯한 옷을 갖춰 입었으면 좋겠는데, 남편은 안된다며 끝까지 바지를 사수할 요량입니다. 자기가 아끼는 바지라고요. 상표는 상관없다네요. 하지만 나는 남편의 낡은 바지가 미안하고 안쓰럽습니다. 저렇게 자기 실속 하나 못 차리고 가족에게만 퍼주는 모습이 마음에 들지 않습니다. 남편이 아낀다고 하니 버리지는 못하겠지만 저 바지는 한동안 밉상일 것 같습니다.

며칠 전 현장학습 다녀온 아이 이야기가 떠오릅니다. 같은 조가 된 친구가 체험장에 물통을 두고 왔답니다. 아들 말로는 그럴 일인가 싶을 만큼 친구의 기분이 나쁘고 심각해 보였다고 합니다. 그래서 아들 녀석이 물통을 둔 곳을 물어서 찾으러 갔다네요. 이 지점에서 나는 화가 났습니다.

"네 물통도 아닌데 왜 주인이 찾으러 가야지. 네가 갔어?"

아이는 자신이 달리기가 가장 빨라서 갔답니다. 그런데 막상 친구가 말한 곳에 가보니 물통은 없었대요. 친구는 조금 있다가 아무렇지도 않게 새 물을 샀답니다. 그럴 거면 처음부터 자판기에서 새 물을 사거나 아니면 스스로 찾으러 가면 될 문제였습니다. 그렇게 아들은 그날 하루를 친구에게 맞춰주었습니다. 무서운 놀이기구를 타고 싶었지만, 친구가 싫다고 해서 시시한 놀이기구만 탔대요. 그것도 같은 걸 두 번 타고 왔답니다. 하루 종일 안 무서운 놀이기구를 찾아다니느라 17,000보나 걸었다고 해요. 게다가 밥도 친구들이 원하는 버거를 먹느라 오래 기다렸다고 했습니다. 안 그래도 감기에 걸려 보내면서도 안쓰러웠는데, 친구에게만 맞췄다고 생각하니 화가 났습니다.

"너는 왜 바보처럼 남만 챙겨. 나부터 챙겨야지. 나 자신이 가장 소중하다고 몇 번을 말했니?"

괜히 아이에게 역정을 냈습니다. 그럼에도 친구들과 함께여서 좋았다는 아이에게 조금 더 이기적으로 되어야 한다고 강요하고 있었습니다.

아이는 연신 자기도 좋았다는 말만 되풀이했습니다. 정작 내가 하고 싶은 말은 본인만 챙기라는 말이 아니었습니다. 본인도 챙길 줄 알아야 한다는 얘기였지요. 남편이 벗어두고 간 헤진 바지를 보면서 아이와 남편의 얼굴이 동시에 떠올랐습니다. 내가 저 바지를 기필코 버리고 말겠다고 다짐했습니다.

출근하려고 나오니 저쪽에서 눈에 띄는 두 사람이 있습니다. 중년의 부부인데 손을 잡은 모습이 한눈에 들어옵니다. 남편이 아내의 손을 정성스럽게 꼭 쥐고 있네요. 겉보기에 예쁘지도 세련되지도 않은 아내였는데요. 남편은 아내가 넘어질까, 차가 아내 쪽으로 다가올까 내내 신경을 곤두세우며 걸었습니다.

'저 아내는 무슨 복이 저렇게 많지? 이쁘지도 않구만.'

살뜰한 부부의 모습을 보며 몇십 년 후 남편의 모습이 떠올랐습니다. 남편은 더 안 보이는 눈과 더 낡아진 관절을 가지고도 내 손을 꼭 잡고 걸을 겁니다. 당신 넘어지니 조심하라면서 말이지요. 본인이나 넘어지지 않게 신경 쓰라고 면박을 주면서도 남편의 따뜻한 손이 싫지 않을 것 같습니다. 그 뒤엔 우리의 모습을 흐뭇하게 바라보고 있을 장년의 아들이 서 있겠지요.

얼마 전부터 눈이 잘 보이지 않습니다. 2.0의 시력을 자랑하던 보배 같은 눈이었는데요. 무거운 안경을 눌러써야지만 보입니다. 거울에 비친 내 모습이 보이질 않습니다. 노안까지 와서 그야말로 가까운 것도, 먼 것도 안 보입니다. 실루엣으로만 보이는 내 모습이 처량하지만, 나이 드는 것은 당연하니 받아들여야겠지요. 스무 살에 노안이 찾아왔다면 감당하지 못했을 것입니다. 하지만 내 또래의 사람들에게 노안은 자연스러운 현상이지요. 뚜렷한 나를 보지 못하는 게 서글프지만 그 흐릿함을 사랑할 수 있는 것은, 나를 가치 있다고 말하며 손잡아주는 남편이 있기 때문이지요. 어려울 때 내 편이 되어주는 남편이 함께 나이 들어가기에 외롭지 않습니다. 이번 주말엔 귀한 나의 파트너를 위해서 백화점에 함께 가봐야겠습니다. 그이의 귀함에 어울리는 멋진 바지를 하나 선물해 줘야겠어요. 그가 나의 손을 잡아주기만 기다리지 않고 내가 먼저 손을 내밀어 보겠습니다. 우리는 영원한 파트너니까요.

사랑의 방식

'몇 시지?'

어스름 불빛에 눈이 떠졌습니다. 날씨가 너무 더워서 잠을 깊이 못 잤거든요. 더워서 새벽녘에 깨는 것도 오랜만이네요. 내가 눈을 뜨고 부스럭거렸을 뿐인데 아들도 눈을 떴습니다. 잠귀가 워낙 밝습니다. 아들은 배시시 웃더니 화장실에 가려고 일어납니다. 방문을 열었는데 밖이 환합니다. 아들은 깜짝 놀라 손으로 입을 막고 얼른 문을 닫습니다. 나도 놀라 얼른 나가봤지요. 딸 방에 불이 환합니다. 새벽 5시입니다.

"너 안 잤어?"

딸아이가 시험공부를 하고 있습니다.

"어쩌다가 날을 샌 거야?"

딸아이는 사실 누군가 깨어나길 기다리고 있었다네요.

"1시에 잠깐만 책을 본다는 게 4시까지 본 거야. 너무 양심에 찔려서 잠을 못 잤어. 두 시간 정도 공부했는데 정신이 너무 또렷해. 누구라도 깨서 이건 아니라고 말해주길 기다렸어.”

그래요. 시험 기간에는 원래 하고 싶은 게 많아지는 법입니다. 로맨스 소설에 빠진 소녀에게 충분히 일어날 수 있는 일이지요. 하지만 일어날 수는 있지만 왜 하필 그 일이 시험 기간에 일어났나 싶습니다.

“너 괜찮겠어? 시험 보는데 컨디션 괜찮겠어?”

아이는 정신이 또렷하니 괜찮다고 합니다. 누구나 시험 기간에 해 볼 수 있는 경험이라 긴 잔소리는 하지 않았어요. 그러면서 배워가는 거려니 생각했지요. 그렇게 아이는 밤을 꼬박 새우고 시험을 보러 갔습니다. 나는 하루 종일 아이가 걱정되었어요. 잠을 안 자는 것이 얼마나 힘든 일인 줄 아니까요. 아무리 10대라고 해도 컨디션이 좋을 리가 없습니다. 시험이 끝날 즈음 아이에게 전화를 걸었습니다.

“너 괜찮았어?”

아이는 시험 시간에 졸렸지만 괜찮답니다. 다만 시험을 망쳤다고 하네요. 정신이 온전하지 못하니 시험을 잘 보는 게 이상하지요. 과학시험에서 60점을 맞았다고 합니다. 중학교 시험의 난이도를 알기에 어이가 없었습니다. 평소 아이가 자신은 중상위 권이라며 잘난 체하던 일이 떠올라 더더욱 그랬지요. 하지만 점수보다 더 걱정되는 건 아이 상태였습니다.

“일단 자. 힘드니까 자고 일어나서 해.”

아니나 다를까 아이는 내가 퇴근할 때까지 잠을 잤습니다. 아이를 깨워 밥을 먹였습니다. 하루 종일 제대로 자지도 먹지도 못했으니까요. 아이는 7시나 돼서야 정신을 차리더군요. 몸이 찌뿌둥하다네요. 하지만 다시 잘 수는 없었습니다. 내일도 시험이니까요. 아이에게 핸드폰을 잠그 겠다고 했지만 아니랍니다. 스스로 유혹을 이겨낼 수 없으니 시험 기간 동안 잠그겠다고 했지만 본인이 조절해 보겠다네요. 알겠다고 하고 운동을 하러 갔습니다. 하지만 내가 나가자 아이는 슬그머니 핸드폰을 꺼내 다시 로맨스를 읽기 시작했답니다. 남편이 얘기해주었지요. 그래도 모른척했습니다. 알아서 할 일이니까요.

저녁 10시나 돼서야 아이는 눈치를 보며 공부를 시작했습니다. 잠을 못 잤으니 컨디션이 좋을 리 없었지요. 두 과목 시험 준비 중에 역사만 끝낸 시간이 12시였습니다. 수학은 손도 대지 못했다네요. 머리를 감아야 한다고 했습니다. 이제 두손 두발 다 들었습니다. 자기도 무슨 생각이 있겠지 싶었습니다. 다만 오늘은 피곤할 테니 1시에는 꼭 자라고 말하고 먼저 잠자리에 들었습니다. 그때까지 나의 걱정은 오로지 단 하나. 아이의 컨디션이었습니다.

새벽 2시 반 더위 때문에 잠에서 깼습니다. 그런데 이상하게 문틈 사이로 빛이 새어 들어옵니다. 잘못 본 거겠지 했지만 아닙니다. 문을 열고 나갔지요. 아이가 놀란 토끼처럼 침대에서 일어납니다.

"너 또 책 읽었니?"

책상 위에는 아까 상태 그대로 역사책이 펼쳐져 있습니다. 아이는 내가 잠들자마자 다시 책을 읽기 시작한 거예요. 나는 이러면 너무 피곤하다며 아이 방 불을 껐습니다. 공부고 뭐고, 어서 자라고요. 그리고 10분쯤 지났을까요. 다시 방문을 열고 나가 보니 아이가 핸드폰 불빛으로 역사책을 보고 있었습니다.

"너 지금 뭐하니? 10분 안에 역사 마무리하고 자. 수학은 어쩔 건데?"

아이는 아침 자습 시간 25분을 이용해서 수학 공부를 하겠다네요. 수학 공부한다는 게 교과서 보며 개념 정리하고 기출문제를 풀어보는 거랍니다. 내일이 시험인데 아직 그것도 안 한 거예요. 시험 몇 주 전부터 시험 스트레스가 어떻고 몇 점을 맞아야 올A가 나온다며 말하던 아이였는데요. 정작 공부는 하나도 안 한 것입니다. 아이 말만 듣고 알아서 잘하고 있겠거니 믿은 내가 바보였지요. 10분 정도 역사책을 보다가 내 잔소리에 겨우 불을 끄고 잠자리에 들었습니다. 모르지요. 또 불을 끄고 무엇을 하고 있었는지도요. 이제는 의심조차 지쳤습니다.

도대체 무엇이 문제인지 생각하느라 잠을 설쳤습니다. 나는 오로지 아이가 힘들지 않기만을 바랐습니다. 잠을 안 자고 책을 읽었더라도 그럴 수 있다고 생각했어요. 아직 중2면 어리니까요. 이것저것 경험해 보며 시행착오를 할 수 있다고 생각한 거죠. 그런데 어쩌면 그것이 잘못된 생각이었나 봅니다. 아이가 힘들지 않기를 바라는 마음 때문에 봐주던 것들이 아이를 유약하게 만들었습니다. 아무리 어리다 해도 자기 행동에 책임질 줄 아는 아이로 키워야 했는데요. 아이의 행복과 편안을 추구하느라 책임과 의무는 소홀히 했던 거지요.

아침 6시 반 알람이 울렸습니다. 아이 때문에 고민하느라 잠을 설친

나는 눈을 뜨기가 힘들었습니다. 하지만 출근해야 하니, 겨우 졸린 눈을 비비며 일어났지요. 그리고 아이 방에 가서 아이를 깨웠습니다.

"너도 네가 한 행동에 대해서는 책임을 져. 시험 보러 가는 데 교과서도 보지 않고 가는 건 기본이 아니잖아. 일어나. 아무리 힘들어도 일어나서 수학 공부하고 가."

아이는 멍하니 누워있었습니다. 그런 아이를 몇 번이고 일으켜 앉혔습니다. 본인이 한 말과 행동에 대해서는 책임질 줄 알아야 한다는 걸 알려주고 싶었습니다.

"네가 그토록 주장해왔던 너의 의지를 증명해봐. 너는 성실하고 그만하면 꽤 괜찮은 편이라며. 그걸 몸소 보여줘야지 않겠어. 말로만 떠드는 건 증명이 안 되지. 힘들어도 일어나서 너의 할 일을 해. 우리 모두 그렇게 살고 있으니까."

8시 30분 아이 담임 선생님에게서 전화가 왔습니다. 아이가 아직 학교에 안 왔다네요. 기어이 깨어놓고 왔는데 다시 잠든 건 아닌가 섬뜩했습니다. 아들에게 전화를 걸어보니 누나가 15분 전에 집에서 나갔다네요. 금세 학교에 도착했다는 담임 선생님의 문자가 왔습니다. 겨우 한숨을 놓았지요.

모르겠습니다. 아이가 오늘 어떤 점수를 받을지요. 하지만 점수보다 중요한 것을 놓치지 않아야겠다고 생각합니다. 자신이 해야 할 일에 대해 어렵고 힘들더라도 참아내는 힘과 그것을 하지 않았을 때 자기 행동에 책임을 지는 것 말입니다. 그것을 배우는 것이 어떤 점수를 받는 것보다 중요한 삶의 자세일 테니까요.

자신이 감당해야 할 몫을 당당히 겪어내는 아이로 키우고 싶습니다. 그것이 아이가 자신의 삶을 책임 있게 꾸려나가도록 도와주는 엄마의 진짜 사랑일 테니까요.

아침 6시 반 알람이 울렸습니다.

아이 때문에 고민하느라 잠을 설쳐 나는 눈을 뜨기가 힘들었습니다.

겨우 졸린 눈을 비비며 일어났지요.

그리고 아이 방에 가서 아이를 깨웠습니다.

넘어져도 괜찮아

"쿵"

에스컬레이터를 내려가는데 앞쪽에서 비명이 들립니다. 얼마 전 에스컬레이터에서 멈춤 사고가 있어 사람이 여럿 다쳤는데요. 내가 타고 있는 에스컬레이터에도 문제가 생긴 건가 싶어 순간 움찔했습니다. 내리는 쪽을 바라보니 한 여자가 넘어져 있습니다. 아마도 발을 헛디딘 모양입니다. 일어나지 못하고 한참 헤매는 듯합니다. 점점 뒷사람과 가까워지는데요. 일어나지를 못합니다. 그러자 한 남자가 다가가 손을 잡아 일으켜줍니다. 쿵 소리가 났을 때부터 앞에서 지켜보던 사람입니다. 번듯하게 정장을 차려입은 남자는 여자를 정성스럽게 일으켜주었습니다. 너무나 자연스럽게 손을 잡는 걸 보고 부부라고 생각했습니다. 남자 덕에 다행히 에스컬레이터 주위는 다시 평온을 찾았지요. 여자는 연신 허리를 매만지며 걸었습니다. 잰틀했던 남자는 여자가 제대로 걷는 것을 보자

앞서 걷기 시작했습니다. 부부가 아니었네요. 뒷사람이 넘어져 허우적 대자 일으켜 준 것입니다. 순간 앞서 걸어 나가는 남자의 키가 3미터는 커진 듯 보였습니다. 지하철의 키다리 아저씨 같았거든요. 뒷모습이 어찌나 근사해 보이던지요. 아무 상관도 없는 사람에게 기꺼이 따뜻한 손을 내밀어 호의를 베푸는 모습이 참 따뜻했습니다.

살다 보면 넘어질 때가 있습니다. 왜 넘어지는 줄도 모르고 망연자실할 때가 생기지요. 그럴 때는 어디로 가야 할지 정말 알 수가 없습니다. 안개 낀 거리를 나 혼자 걷는 기분처럼 요즘 글을 쓰면서 망망대해를 걷는 기분을 자주 느낍니다. 어느 쪽으로 스토리를 이어나갈지 막막하거든요. 누군가 '여기야.' 하고 손을 내밀어 주었으면 좋겠는데, 나 혼자 철저히 외로움을 견뎌내야 합니다.

주말에 아이들과 이야기를 했습니다. 어릴 때 자주 하던 건데요. 우리가 찍던 가족 영화 시나리오를 만들어 보기로 했습니다. 나는 아무 생각도 없이 아이들 아이디어에 맞장구를 쳤습니다. 그러다 죽음에 대한 이야기가 나왔지요. 영원히 죽지 않는 것은 누구나 바라잖아요. 죽지 않는 사람에 대해 이야기를 해보자고 의견이 모아졌습니다. 아이들과 머리를 맞대니 제법 재미있는 스토리가 만들어졌습니다. 아이들은 어서 집필을 시작하라고 야단이 났지요. 하지만 나는 그럴 수가 없었습니다. 그간에 많은 책을 쓰느라 에너지가 소진되기도 했고요. 새로운 이야기를 시작하는 게 얼마나 많은 에너지가 필요한 줄 아니까요. 시작하기가 두려웠습니다. 이야기 속에 빠지기 시작하면 줄곧 모든 에너지를 거기에 모두 쏟아부어야 하기 때문입니다. 특히 픽션은 하나부터 열까지 모두 창조해내야 하니까 더 힘듭니다. 잡힐 듯 잡히지 않는 이야기 속을 헤쳐 나가는 게 너무 힘듭니다. 그래서 망설여집니다. 아이들이 나를 몰아붙입니다. 어서 이야기를 만들어 보라고요. 그것이 부담스럽기도 하지만, 생각해보면 내 이야기를 기다리고 있는 열성 꼬마 팬이 있는 거잖아요. 적잖이 행복한 일이지요. 누군가 나의 이야기를 끌어내 주는 거니까요. 헤르만 헤세는 삶은 자기 자신에게로 이르는 길이라고 말했습니다. 내 안에 있는 알 수 없는 가능성을 꺼내라고 말해주는 아이들이 있어서 감사합니다. 나를 망망대해로 밀어 넣었다가 넘어졌을 때 내 손을 잡아주는 것 같아요. 지쳐서 다시 일어설 힘이 없다고 말할 때 툭툭 털고 일어나도록 도와주는 어린 길잡이들이지요.

"엄마 성적표 나왔어."

어제 딸아이가 성적표를 가지고 왔습니다. 지필평가에서 과목별로 몇 점 맞았는지 알았기에 큰 기대를 하진 않았습니다. 수업 시간엔 성실한 아이였지요. 수행평가가 더해지니 점수가 나쁘진 않았습니다. 물론 중학교 시험 정도라면 All A가 나와도 나쁘지 않겠지만, 지필평가 점수로 그건 불가능하리란 건 알고 있으니까요. C까지 나온 건 기대 이하이긴 했지만 뭐 어쩔 수 없지요. 성적에 가장 신경 쓰이는 것은 아이일 테니, 내가 나무랄 일은 아니었습니다. 아이는 그럼에도 내 눈치를 살피더군요.

"엄마 너무 실망한 건 아니지? 0.6점만 더 높았어도 C는 없는 건데."

나는 실망하지 않았다고 이미 예상한 바라고 했습니다. 아니 예상보다 더 낫다고 말해주었지요. 아이는 안도의 한숨을 내쉬었습니다.

"다른 아이들은 엄마가 화낸대. 집에 못 들어간다더라."

"엄마가 그럴 일은 아니지. 우리 집은 그런 분위기 아닌 거 알잖아. 대신 네가 성적표 보고 분석해 봐. 어떻게 해나가야겠다고 생각을 정리해. 그게 중요한 거지."

아이는 내가 화를 낼 거로 생각했던 모양입니다. 워낙 자주 화를 내고 잔소리를 하니까 당연히 그랬겠지요. 하지만 화는커녕 내 눈치를 보는 아이가 오히려 안쓰러웠습니다. 성적이 잘 나와서 칭찬받고 싶은 건 아이일 겁니다. 그게 이뤄지지 않아서 속상한 사람 역시 본인일 테고요. 생각보다 분위기가 괜찮은 것 같다고 생각했나 봐요. 그때부터 아이는 자신이 해야 할 공부 계획을 읊조렸습니다. 그 계획은 꿈 이야기까지 이어졌지요.

"나는 외교관이나 판사, CEO가 되고 싶어. 그런데 모두 공부를 정말 열심히 해야 하는 직업들이야. 잘할 수 있을까? 그런데 엄마는 내가 무슨 직업을 가지면 좋을 거 같아?"

아이는 나를 졸졸 따라다니며 물었습니다. 말하는 것보다 행동하는 걸 좋아하는 나로서는 뭐라 해줄 말이 없었습니다. 그저 네가 알아서 하라는 말만 반복할 뿐이었지요. 꿈은 수없이 바뀌니까 지금 너무 고민하지 말라고요. 아이는 알아들었는지 아닌지 자기 할 말만 계속 이어 갔습니다. 오랜만에 많은 이야기를 하더군요. 아이가 수다 떠는 이유를 알 것 같았습니다. 아이는 에스컬레이터에서 넘어진 여자 같았거든요.

그런데 내가 왜 바보같이 넘어지느냐고 나무라지 않았기 때문입니다. 아이는 내가 내민 손에 기분이 좋아졌겠지요. 넘어졌다는 속상함보다 그게 더 컸을 거예요. 그래서 저렇게 신이 났겠지요. 하지만 그걸로 생색내고 흥분하고 싶지 않았어요. 그게 엄마로서 당연히 해야 할 일이니까요.

'넘어져도 괜찮아. 넘어지면서 성장하는 거란다. 대신 넘어졌을 때 일어나기 어렵거든 엄마에게 말해. 언제든 손을 내밀어 줄게. 몇 번 그렇게 하면서 배울 거야. 너 혼자 일어나는 법을. 나는 그때까지 네 곁에 있을게.'

아이는 내 메시지를 아는지 모르는지 한참을 떠들어 젖힙니다. 종알대는 소리가 귀엽고 애잔합니다.

혼밥의 딜레마

    점심시간 나는 혼자서 밥을 먹습니다. 이런 습관은 코로나를 겪으면서 생겼습니다. 집에 아이들이 있으니 언제나 코로나를 조심해야 했으니까요. 교사 식당에 사람이 몰리는 시간에는 절대로 가지 않았습니다. 그때는 마스크를 벗고 식사하는 게 가장 위험한 행동이었으니까요. 몇 해 동안 이런 생활을 하니 혼자 먹는 것에 익숙해졌습니다. 사실 누군가에게 시간을 맞추고 대화 주제를 고심하지 않아서 좋았는지도 모릅니다. 나는 늘 남의 시선을 의식하고 좋은 사람으로 보이고 싶었습니다. 같이 식사한다는 건 상당히 피곤한 일이었죠. 밝은 모습으로 나를 변신시키고 사람들 앞에서 유쾌하게 대화를 이어나가는 것이 내 기질에 썩 맞는 일은 아니었습니다. 굉장히 외향적으로 보이는 나였지만 아닙니다. 낯선 장소나 사람 사이에서는 낯을 가렸습니다. 분위기가 어색한 게 더 싫어서 아무 말이나 내뱉어 보지만 그것 또한 나를 가리는 한 조각의 무기였지요. 혼자 밥을 먹을 때는 사회생활을 위한 과도한 외향성을 연기하지 않아 좋았습니다. 그때부터였나 봅니다. 혼밥을 즐기게 된 것이요.

오늘도 어김없이 느지막이 식당에 갔습니다. 삼삼오오 짝을 지어 친한 사람들끼리 밥을 먹고 있더군요. 나는 혼자 빈 탁자에 앉았습니다. 어차피 지금 가서 합류해도 밥 먹는 속도가 다를 거라는 마음속 핑계를 찾으면서요. 그때 한 선생님이 들어왔습니다. 반가운 마음이 들었습니다. 평소에 호감을 느낀 선생님이었거든.. 편하게 같이 먹으면 좋겠다고 생각했습니다. 그런데 선생님이 "맛있게 드세요"라고 인사하더니 저쪽 테이블에 가서 합석하는 겁니다. 아무도 눈치채지 못했지만 혼자서 머쓱해졌습니다. 물론 나도 여러 명이 앉아있을 때 내가 가장 편한 사람이 있는 곳에 가서 앉기는 하지만요. 늦게 들어왔으면 밥 먹는 속도가 비슷한 나랑 앉는 게 맞는 거 아닌가 하고 생각했지만, 아무렇지 않은 척 혼자서 밥을 먹었습니다. 머쓱하면 많이 먹고 싶지 않잖아요. 대충 욱여넣고 식당을 나왔습니다.

그 순간부터 약간의 고민이 시작되었습니다. 사람과 사귀려면 기꺼이 자기 시간을 내어주어야 하잖아요. 그런데 나는 늘 내 시간을 귀히 여깁니다. 내 시간을 누구와 나누려고 하지 않지요. 혼자 다니는 걸 좋아하는 편입니다. 누구와 어울려서 맞춰야 하는 것에 큰 의미를 두지 않지요. 그러면서 삼삼오오 짝을 지어야 하는 순간에 내 짝이 없음을 속상해합니다. 외롭기도 하고, 나에게 문제가 있는 것은 아닌가 생각하지요. 내가 시간을 내어 줄 마음도 없으면서 외롭다고 징징대는 모습이 참으로 이

중적입니다. 사회생활에서 그것이 늘 고민입니다.

울적한 마음을 안고 집에 돌아와 언니와 통화를 했습니다. 언니에게 이런 내 마음을 털어놓았지요. 언니가 그러네요. 모든 사람이 그런 순간이 있고, 그 순간 어떻게 해야 할지 딜레마에 빠진다고요. 언니도 오늘 아침에 나하고 비슷한 상황을 겪었다고 합니다. 사무실에 여자 연구사 셋이서 근무를 하는데 두 사람은 이미 친한 사이랍니다. 오늘 아침 그 둘의 수다 사이에 끼어야 할지 아니면 급히 처리해야 하는 일을 먼저 해야 할지 고민했답니다. 결국 언니는 바쁘게 처리해야 할 일을 해결하며 외로움을 선택했다네요. 사람은 어디서든 외로운 존재랍니다. 자매라서 그런지 어쩜 같은 시각에 같은 고민을 하고 같은 선택을 했을까 신기한 생각이 들었습니다. 아니 어쩌면 인간은 모두 같은 고민을 하고 있는지도 모르지요.

잠자리에 들기 전 딸아이에게 이 이야기를 들려주었습니다. 친구를 사귀는 게 수줍어서 말을 건네기 어렵다는 아이였습니다. 나와 다른 성향이었지만 비슷한 어려움을 겪고 있는 아이죠. 오늘 겪은 이 이야기에 대해 아이는 어떤 생각을 할까 궁금했습니다. 작은 부분이라도 아이 마음에 닿았으면 싶었습니다.

아이는 내 이야기를 다 듣더니 골똘히 생각합니다.

"엄마가 그런 관계에서 외로움을 느꼈다면 한번 다가가 봐. 사람들에게 기꺼이 시간을 내줘봐. 그랬는데도 마음이 꽉 차지 않으면 그때 외로움을 다시 택하면 되잖아. 엄마가 나한테 그랬잖아. 너도 그렇게 한번 시도해 보라고. 엄마도 똑같이 해봐."

아이는 사뭇 진지합니다.

"사람 관계가 어려워. 대학 때 생각해 보면 절친이 있어도 늘 고민이야. 엄마는 다섯 명이 함께 몰려다녔는데 지나다 보면 1번이 나와 친했다가 3번 친구랑 친해지는 거야. 급격히 둘이 친해지는 걸 보면 기분이안 좋아. 그때 2번이랑 가까워지지. 그러다 2번이 불편한 행동을 해. 그때는 4번이랑 가까이 지내지. 그러다 다시 4번이 멀어지고 1번이랑 친해지고. 하여간 복잡해. 절친이 있으면 있는 대로 머리가 아프고 없으면 외롭고 그런 게 사람 관계 같아. 정답은 없는 거겠지. 너는 어때?"

아이는 내 말을 듣는 건지 혼자 생각하는 건지 답이 없습니다. 아이가친구 없이 밥을 먹을 때 자신은 괜찮답니다. 나보다 더 단단한 사람인 것같아 아이를 지그시 바라봤습니다. 부디 나처럼 외롭지 않았으면 좋겠습니다. 하지만 인간은 외로운 거니까요. 그 외로움을 겪으면서 홀로서기를할 수 있도록 옆에 단단히 붙어 있어야겠습니다. 외로울 때 돌아보면 곁에 내가 있어 힘을 낼 수 있도록요. 아이가 지금 내 곁에서 변함없는 사랑을 주고 있는 것처럼 아이에게 그런 존재가 되어주어야겠습니다.

외로움 이기는 법

"엄마, 사람은 세 부류가 있어. 남에게 이용당하는 사람, 남을 이용하는 사람, 그리고 아무 관계에도 얽히지 않는 사람. 나는 지금 세 번째야. 아직은 아무와도 관계를 맺지 않으면서 영향을 주고받지 않지."

뚜벅뚜벅 길을 걷다 보면 가끔 아이가 다가와 속마음을 이야기할 때가 있습니다. 산책하다 보면 주절주절 말하고 싶은 마음이 생기는 모양입니다. 마음에서는 쿵 하고 무거운 것이 내려앉는 것 같았지만 아무렇지 않은 척 태연하게 물었습니다.

"괜찮아? 혼자 있으면 외롭잖아."

내가 아이의 외로움 때문에 흔들리고 있다는 걸 들키고 싶지 않아요. 다만 아이가 나처럼 외로울까 봐 걱정되었습니다.

"가끔은 외롭기도 하지. 그럴 때는 내가 이 세상에서 제일 잘나가고, 잘난 사람이라고 생각하면 돼. 그러면 조금 덜 외롭거든. 그렇게 도도한 태도로 지내지. 그러다가 누구라도 말을 걸면 그땐 예상했던 것보다 갑자기 너무 착하게 답을 하는 거야. 그러면 그럭저럭 지낼 만해."

아이는 내 팔짱을 꼭 끼며 다음 말을 이어나갔습니다.

"엄마는 세 가지 유형 중에 어떤 부류인 것 같아?"

머리가 멍해지는 것 같았습니다. 나는 세 부류 중에 어떤 부류일까 딱히 떠오르지 않았거든요.

"이용당하면 당했겠지 내가 남을 이용하는 부류는 아니야. 바보같이 착한 척하다가 남이 하라는 대로 하는 적도 많아. 외로운 게 싫어서 어디엔가 끼려고 했던 거 같은데 지금 내가 어느 부류인지는 잘 모르겠네."

아이는 내 대답에 개의치 않고 또 다른 이야기를 이어나갔습니다. 하지만 내 마음속에는 아이의 질문이 남아 빙글빙글 마음속을 맴도는 것 같았지요. 어릴 적 고민이 애잔하게 내 마음에 떠올랐습니다.

초등학교 때 수학여행을 가기 전날 밤이었습니다. 나는 함께 다니는 절친이 있음에도 불구하고 그날 고민이 많았습니다. 어떤 친구랑 앉아서 가야 할지 걱정이었지요. 내가 친한 A라는 친구가 있었지만, 그 친구는 나랑만 친한 것은 아니고 다른 친구들과도 친했지요. 그런데 수학여행 가는 버스 안에서는 누가 뭐라 해도 가장 친한 친구와 함께 앉아서 가는 건데, 혹시라도 A가 다른 친구랑 간다고 하면 어떻게 하나 걱정했습니다. 그 때문에 수학여행이 다가오면서 그 아이의 눈치를 살피고 더 잘해주려고 했습니다. 혹시나 그 아이가 기분이 나빠져서 나와 함께 앉지 않겠다고 말하면 안 되니까요. 결국 자연스럽게 A는 나와 앉아 가게 되었지만 나는 늘 두려웠습니다. 저 아이에게 더 친한 친구가 생길까 눈치를 살피게 되었지요. 친구가 조금이라도 기분이 언짢아 보이면 어떻게 하면 기분을 풀어줄지 고민했던 것 같습니다. 함께 중학교에 가게 되어 더 많은 친구가 생기고 A가 마음에 들어 하는 친구를 바라볼 때면 늘 불안했습니다. A와 나는 결국 다른 고등학교에 갔고 자연스럽게 멀어졌습니다. 하지만 그때 생긴 습관은 아주 오랫동안 나를 지배했습니다. 친한 단짝이 있었으면 좋겠고 그 관계가 변하지 않았으면 좋겠다고 생각했습니다. 하지만 학교에는 언제나 많은 아이들이 존재했고 그 아이들은 하루에도 몇 번씩 가까워졌다 멀어졌다 했습니다. 별다른 이유도 없이 친구 관계가 멀어지는 것을 보며 의연하지 못했습니다. '늘 나 혼자일지도 모른다', 누군가가 나를 밀어낼지도 모른다'라는 두려움 때문에 내가 원하는 대로 살지 못했던 것 같습니다. 결국 혼자가 될까 봐. 그래서 타인에게 외롭게 보일까 봐요. 내 마음을 꼭꼭 숨기고 좋은 면만 보여주려 했었지요. 내가 결코 좋은 사람이 아닌데도 나보다 친구 먼저 배려하려고 진짜 내 모습을 잃었던 것입니다. 대학 때는 다섯 명의 친구가 함께 다니면서 속으로 생각했었지요.

'저 친구는 제랑 더 친한 것 같고 제랑은 제가 친한 것 같아. 그럼 나만 혼자인 건가?'

직장에 왔지만 여전히 혼자가 될지도 모른다는 두려움은 마음에 무거운 짐처럼 나를 짓눌렀지요.

"언니 나는 회식 가기가 정말 싫어. 물론 나랑 친한 선생님이 있긴 하지. 그런데 그 선생님이랑 함께 가도 뭔가 마음이 불편해. 이상하지?"

어느 날 같은 교직에 있는 언니에게 물었습니다.

"이상하지 않아. 너만 그런 거 아냐. 다 그래. 그래서 친한 사람 없으면 회식 절대 안 가잖아. 누구랑 함께 가야 가지. 한 명이 빠지면 친한 사람도 빠져. 애들만 그럴 거 같지만 안 그래. 어른이 돼도 똑같아. 저 사람 없으면 누구랑 함께 가나 하는 두려움은 누구에게나 존재해. 너 이상한 거 아냐."

언니의 말을 듣고 깜짝 놀랐습니다. 이제껏 나는 나 혼자만 그렇게 고민한다고 생각했었거든요. 그런데 아니랍니다. 그래서 사람들이 끼리끼리 다니는 거라네요. 친한 사람이 가는 자리 아니면 불편해서 끼지 않는 건 어른이 되어도 마찬가지라고요. 나만 그런 게 아니라는 말을 들으니 순간 평생 나를 짓눌러왔던 외로움에 대한 부담감이 풀어지는 것 같았습니다. 그렇다고 그 순간 모두 해결되어 '나는 이제 외롭지 않아. 혼자서도 잘해 낼 수 있어'라는 자신감이 생긴 건 아닙니다. 모두가 외롭고 혼자라는 걸 두려워한다는 그 말이 나를 위로해 주었습니다. 모두 말은 안 했지만 그런 생각을 하고 있었나 봐요. 그래서 마음이 채워지지 않을 때 외로움이란 걸 느꼈나 싶어졌습니다.

나는 아직도 많이 외롭습니다. 혼자 될까 봐 그게 가장 두려워요. 그래서 좋은 사람인 척 연기도 하고, 안 친한 사람과도 친한 척하려고 애를 씁니다. 하지만 언젠간 깨닫게 되겠지요. 외로움에는 시간이라는 단짝 친구가 존재한다는 것을요. 시간이라는 정성을 들이면 외로움을 줄이는 데 도움이 됩니다. 나에게든 타인에게든 시간을 함께하면서 집중해주면 외로움에서 벗어날 수 있습니다.

외로움을 이겨내기 위해서 발버둥 치던 내 모습이 언젠가부터 애잔하게 느껴집니다. 외로움을 평생 벗어날 수 없는 거라면 외로움과 시간을 함께 보내며 친구로 만들어 봐야겠어요. 이제라도 함께 머무르는 방법을 배워보렵니다. 아이가 외로움을 이겨내는 자신만의 방법을 찾았던 것처럼요.

늘 나 혼자일지도 모른다
누군가가 나를 밀어낼지도 모른다'라는 두려움 때문에
내가 원하는 대로 살지 못했던 것 같습니다

같은 시간 속 다른 속도

"띠리리링"

알람 소리입니다. 잠깐 눈감았다 뜬 것뿐인데 어느새 아침입니다. 핸드폰 알람을 5분 뒤 다시 울림으로 설정하고 이불을 머리끝까지 뒤집어 썼습니다. 시간은 왜 이렇게 쏜살같이 지나가는 걸까요. 5분만, 5분만 알람을 몇 번 뒤로 연장하다가 결국은 일어나야 할 마지노선에 도달하고 말았지요.

'에이, 피곤해.'

나도 참 어지간하다는 생각이 들었습니다. 아침에 이렇게 못 일어나고 빌빌댈 걸 알았으면 어젯밤에 일찍 잤으면 될 일입니다. 졸린 눈을 비비며 1분 1초라도 늦게 자려고 버티다가 12시 넘어서 잠들었던 게 문제지요. 그때의 1분과 지금의 1분이 다른 건 아닐 텐데요. 나에게 전혀 다른 시간처럼 느껴집니다. 어리석고도 어리석은 인간이지만 어쩌겠어요.

오늘 밤도 잠이 오지만 잠을 잘 수 없겠지요. 내일 아침 후회하며 5분만 더 5분만 더를 외칠 게 뻔합니다.

"신이 참 공평해. 젊을 때 좋았던 게 나이 드니까 다 불편해진다. 키 크다고 부러워했던 사람들 나이 드니까 허리 굽고, 다리도 오자로 벌어져. 근력이 떨어지니까. 하지만 작은 사람들은 오히려 짱짱하지. 큰 눈이 젊어서는 그렇게 매력적이지만 눈이 크면 주름도 더 많이 생긴다. 작은 눈은 떴다 감을 때 별 타격감이 없으니까, 주름도 덜 생기지. 젊어서 좋았던 것들이 모두 반대가 되더라. 세상 참 공평해"

언니의 말을 들으니 나는 진정 승자였습니다. 어릴 때 노안이라고 나이가 들어 보인다는 소리를 그렇게 많이 들었는데요. 이제 내 나이보다 어리게 봅니다. 어릴 때 이미 충분히 나이 들어 있었으니까요. 그 노안이 20대나 40대나 그대로 유지됩니다. 그때의 시간과 지금의 시간이 다르지 않을 텐데요. 무엇이 달라진 걸까요.

식물에 관심을 가지고부터는 식물의 시간을 관찰하게 되었어요. 지나는 모든 길가의 식물이 예사롭지 않게 다가옵니다. 그 어떤 식물도 의미 있어 보이지요. 집에 들어서면 베란다의 식물들을 바라보는 재미가 쏠쏠 한데요. 하나하나의 식물들의 시간을 함께 보내며 안달하는 것은 식집사의 운명인가 봅니다. 나올 듯 나올 듯 동그랗게 말려있던 스파트필름 꽃순이 며칠째 그대로입니다. 돈나무는 아무리 만져주고 예뻐해줘도 자라는지 안 자라는지 가늠할 수가 없고요. 외목대로 키우고 싶어 정성 들여 지켜보는 장미허브는 그 자리에서 클 생각을 안 합니다. 무엇이 잘못된 건가 싶어 영양제를 사다 뿌리고 잎 옆에 가지런히 비료도 놓아둡니다. 아침에 일어나자마자 창문을 활짝 열어 환기를 시키지요. 조금이라도 빛이 드는 곳으로 식물을 죄다 옮겨두고 출근하는데도요. 좀처럼 변화하지 않으니 안달이 날 수밖에요. 우리 집 초록이들만 유독 시간을 늘려 사는 것 같습니다. 지루하고 지루한 기다림이 필요한 걸까요. 성질이 급한 나는 매일 들여다보고 순을 잘라도 봤다, 이리저리 돌려봤다 야단입니다. 내가 조급해한다고 해서 빨리 자랄 리가 없는데도 말입니다.

시간은 누구에게나 똑같이 주어집니다. 어떤 시간은 너무나 지루하고 더디고 어떨 때는 순식간에 지나가 버리기도 합니다. 나에게 주어진 시간을 어떻게 사용하고 해석하느냐는 온전히 나의 몫입니다. 병원에서 순서를 기다릴 때는 지루하고 시간이 정말 안 갑니다. 하지만 그 기다림의 순간을 기회라고 생각하고 전자책을 읽기 시작하면요. 내 순서가 너무 빨리 돌아오는 것 같아 아쉬울 때도 있습니다. 매일 줄행랑 치듯이 퇴근하고 집으로 서둘러 가는데, 가끔 일찍 끝난 날은 시간에 쫓기지 않고 나에게 여유 부릴 시간을 선사해요. 천천히 골목을 걸어가며 아이스크림 하나 사서 걷다 보면요. 긴 시간이 아닌데도 그렇게 좋을 수가 없습니다. 어떻게 내가 시간을 생각하느냐에 따라 시간의 쓰임새가 달라집니다.

아침 일찍 일어나면서 세 번씩 5분간 미루며 일어나는 호사를 부림에 감사합니다. 감기는 눈을 부릅뜨고 1분 1초라도 더 늘리고 싶은 나의 저녁 시간을 누리렵니다. 나이 듦을 한탄하기보다 이 나이에만 누릴 수 있는 여유를 즐겨보고요. 빨리 자라길 기다리기보다 지금 이 순간의 연두 잎을 더 많이 기억하고 사랑하렵니다. 지금 이 순간 나에게 주어진 이 시간을 소중히 생각하고 알뜰하게 쓰는 것보다 현명한 일은 없을 테니까요.

시간은 누구에게나 똑같이 주어집니다
어떤 시간은 너무나 지루하고 더디고 어떤 때는
순식간에 지나가 버리기도 하는데요
나에게 주어진 시간을 어떻게 사용하고 해석하느냐는
온전히 나의 몫이겠지요

천 번을 흔들려야 엄마가 된다

초판 1쇄 발행 2024년 4월 27일

지은이 이현옥
펴낸이 곽유찬

이 책은 **편집 손영희 님, 표지디자인 장상호 님,**
본문디자인 곽승겸 님과 함께 진심을 다해 만들었습니다.

펴낸곳 레인북
출판등록 2019년 5월 14일 제 2019-000046호
주소 서울시 서대문구 홍은중앙로3길 9 102-1101호
이메일 lanebook@naver.com
*북클로스는 레인북의 브랜드입니다.

인쇄·제본 (주)상지사

ISBN 979-11-93265-38-3 (13190)